挖掘手机上的金矿

——玩微信、微博赚大钱

杨倩　编著

人民邮电出版社
北　京

图书在版编目（CIP）数据

挖掘手机上的金矿：玩微信、微博赚大钱／杨倩编著．—北京：人民邮电出版社，2014.8

ISBN 978-7-115-36242-1

Ⅰ．①挖…　Ⅱ．①杨…　Ⅲ．①网络营销　Ⅳ．①F713.36

中国版本图书馆 CIP 数据核字（2014）第 137010 号

内容提要

本书深入分析了微信、微博营销的特点、应用技巧和发展趋势，对企业和个人如何在实际工作中应用微信、微博开展营销进行了有针对性的指导，同时通过列举大量案例揭示了各类传统企业和互联网新兴企业如何有效利用微信、微博开展营销工作，具体包括服装业、餐饮业、快消品业、交通业、娱乐类网站及生活类网站等，有助于个人和企业快速提升经营业绩和品牌美誉度。

本书适合各类企业经营管理人员、营销人员、营销与广告研究人员、相关培训机构以及对手机营销和自主创业感兴趣的读者朋友阅读、使用。

◆ 编　　著　杨　倩
责任编辑　庞卫军
责任印制　杨林杰

◆ 人民邮电出版社出版发行　　北京市丰台区成寿寺路 11 号
邮编 100164　电子邮件 315@ptpress.com.cn
网址 http://www.ptpress.com.cn
北京隆昌伟业印刷有限公司印刷

◆ 开本：720×960　1/16
印张：13　　2014 年 8 月第 1 版
字数：150 千字　　2014 年 8 月北京第 1 次印刷

定　价：39.00 元

读者服务热线：（010）81055656　印装质量热线：（010）81055316
反盗版热线：（010）81055315
广告经营许可证：京崇工商广字第 0021 号

前　言

现在是个科技飞速发展的时代，也是个营销方式日新月异的时代。人们的目光越来越多地从报纸、杂志、电视、电脑转移到手机上，浏览、分享不再受到时间和空间的限制，这是移动互联网时代带给人们的一大利好。同时，移动互联网也带来了全新的机遇，谁能抓住它谁就将引领一时潮流。随着智能手机的普及和移动网络的完善，单纯使用传统媒体开展营销早已过时，于是，微信应运而生，微博也开发出App应用，它们逐渐成为人们掌上的新宠和这个时代的象征。

张小龙曾经说过："我特别希望，微信能帮助到个人，让个人能发光。一个人只要有一点点想法，就可以有100个读者。哪怕是一个盲人，只要地有一技之长，比如按摩，也能通过微信找到他的100个顾客而生存。而这个盲人，也可以有自己的品牌、自己的粉丝群、自己的客户。"这是微信和微博平台存在的最大意义，也是我们现在如此关注微信、微博营销的重要原因之一。

市场研究和咨询公司Gartner发布调查报告，2013年中国手机用户数已经超过10亿，其中智能手机用户占四成以上。这是一个庞大的消费群体，也是一个有消费能力、懂得时尚消费的群体，为什么不好好利用呢？在这个手机营销的美好时代，作为手机里的必备App，微信和微博就成为了商家开展营销的主要工具。

自从微信和微博诞生以来，它们给人们的生活增添了极大的便利，拓宽了人们交流的渠道，创造出了无数的机会和可能。现在，它们俨然已经成为人们的一种生活方式、工作方式以及消费方式。对于企业来说，从市场调研到客户管理、从客户服务到销售支付、从老客户维护到新客户挖掘等诸多工作，微信和微博都能在其中起到不小的作用。可以说，微信和微博营销已经成为当今最快速、最精准、最有效的网络营销手段之一。通过微信、微博渠道向目标客户适时推送消息，可以在很大程度上降低企业的营销成本，提高品牌的知名度，更能够提升企业品牌的影响力。

本书就是在智能手机和移动互联网飞速发展的大背景下，向读者详细介绍了个人如何用微信和微博来赚钱、企业怎样利用微信和微博来发展。本书没有复杂枯燥的“专业理论”，没有言过其实的“专业点评”，没有夸张唬人的“专业预测”，本书的最大特色就是“用事实说话”：对几十家企业成功的微信和微博营销案例进行分析，看看他们在营销方式上是怎么创新的，看看他们在细节方面是怎么处理的，看看他们是如何充分利用微信和微博来吸引用户的。

为了让各个行业的读者更好地理解和运用微信、微博营销，本书还介绍了各类传统企业和新兴互联网企业如何有效利用微信和微博开展营销工作，具体包括服装业、餐饮业、旅游业、出版业、房地产业、快消品业、交通业以及电子商务类网站、娱乐类网站、生活类网站等，为读者呈现出了一个比较系统、专业的微信和微博营销模式。我们希望本书能够向大家清晰地展现利用微信和微博营销赚钱的方法，让您在纷繁复杂的信息面前以最快的速度掌握解决问题的关键。

由于作者水平有限，书中难免存在不足之处，恳请广大读者批评指正。

目　录

第1章

移动互联网时代，赚钱变得更轻松

美国知名智库移动未来研究院CEO查克·马丁在《决战移动终端》一书中说道："从来没有任何一种力量像现在的移动终端一样，如此强有力地改变着消费者的消费行为方式。有了移动终端，消费者再也不需要'去购物'，他们随时随地都'在购物'。"

移动互联网产生于技术革命，而它本身又将带来营销理论的革命。微信、微博等社交平台的出现，使得人们的生活习惯发生了某些改变：上网的时空限制被打破，阅读方式愈发碎片化；人们越来越看重社交和互动，社交的生活化趋势也更加明显；手机成为人们主流的娱乐工具，人们在手机上玩游戏、看新闻的时间也越来越多……这些改变既增加了移动互联网营销的难度，也带来了前所未有的机遇。

消费者在传统媒体上花的时间越来越少，他们更愿意把时间花在移动互联网上。移动互联网已经不再仅仅是年轻人的天下，从十几岁的初中生到四五十岁的中年人都将成为移动互联网上等你挖掘的潜在客户，他们加在一起的数字远远超出你的想象。

移动互联网的快速传播性大大节约了企业的营销成本。原本开展一项营销活动可能需要准备十几天甚至几个月的时间，现在你只要在微博等平台上发布相关信息，立刻就能引来广泛关注——前提是你的营销策略很有针对性。而且，其热度很有可能是通过传统媒体做广告所无法比拟的。

移动互联网极大地拓展了企业营销的渠道，只要你能想得到的地方，都有无数潜在用户等待你去挖掘。同时，线上、线下结合的互动营销效果愈发明显，不论是通过移动互联网将线上用户引流至你的实体门店来消费，还是将你的实体店顾客吸引到网店增加流量，都能为你的企业带来丰厚的收入。

随着移动互联网科技的不断发展，企业挖掘和管理用户的方式不断增多、效率逐渐提高。尤其是大数据的兴起，它不仅能使企业及时优化自己的营销策略，还能不断搜索、挖掘、分析和积累用户信息，为企业开展长期的客户关系管理工作提供了快速而可靠的支持。

移动互联网将企业和消费者连在一起，也给企业提供了一种全新的销售渠道。

这种新渠道不仅简化了传统营销渠道的层级，而且集销售、售前和售后服务、商品与顾客资料查询、客户关系管理于一体，效率大大提升。因此，系统地掌握移动互联网的营销规律，就相当于为自己打开了一扇通往光明未来的大门。

1.1 用经济视野看移动互联网未来

今天，移动互联网正不断“侵占”我们的时间和注意力。公司、家里、上下班路上，人们随时随地都在用各种移动通信设备浏览移动互联网，任何一个社会热点出现；都会迅速在微博里被广为传播；任何一个有趣的话题，都有可能引起网民的集体狂欢。在这种大背景下，企业必须要重新审视自己的营销思路，并结合新时代的规则挖掘属于自己的新的营销视角。

1.1.1 以互动策略取代单向推销

相比传统媒体的单向推销，移动互联网营销拥有更加丰富的互动性。在当今时代，消费者变得更加主动，他们会随时随地通过移动互联网搜寻自己想要的信息，同时，他们也会主动忽略或屏蔽那些自己不喜欢的营销广告。这种变化要求企业及时跟进用户，通过 App、微信、微博等诸多渠道与移动互联网用户进行频繁、深入的互动，打破自己原有的冷冰冰的企业形象，在移动互联网上塑造一个亲民的形象。

【案例直击】“真美运动”以互动促销售

联合利华公司旗下的品牌多芬近年持续推广崇尚美丽的“真美运动”，通过深入的互动极大地提高了自身的人气与企业产品的销量。多芬不仅强调用户与品牌的互动，还看重用户与用户之间的互动。

首先，多芬推出“真美运动”的官方网站，提出互动话题“什么是真正的美丽”，并设置讨论区供用户互动讨论。很快，这个网站成为女性讨论关于美丽话题的全球性社区。同时，多芬还在网站上开设专家专区，并提供与美丽有关的各种调查、白皮书和报道等。

其次，多芬开展“评选真美女性”的互动活动，该评选由大众评审投票决定。为了调动用户参与的积极性，多芬在纽约时代广场放置了一块互动式投票显示屏，使得每个人都有表达观点的机会。

在系列互动活动得到广泛关注后，多芬又及时推出互动网络短片。这个1分钟左右的短片用真实的镜头记录了一个长相普通的女孩是如何通过化妆、PS等成为超级模特的，视频最后的字幕写道：“毫无疑问，我们的审美被扭曲了。”多芬借此向公众传递了“自然美”的观念。该视频在网络上的点击率与转发量惊人，并引起了广泛的争论。

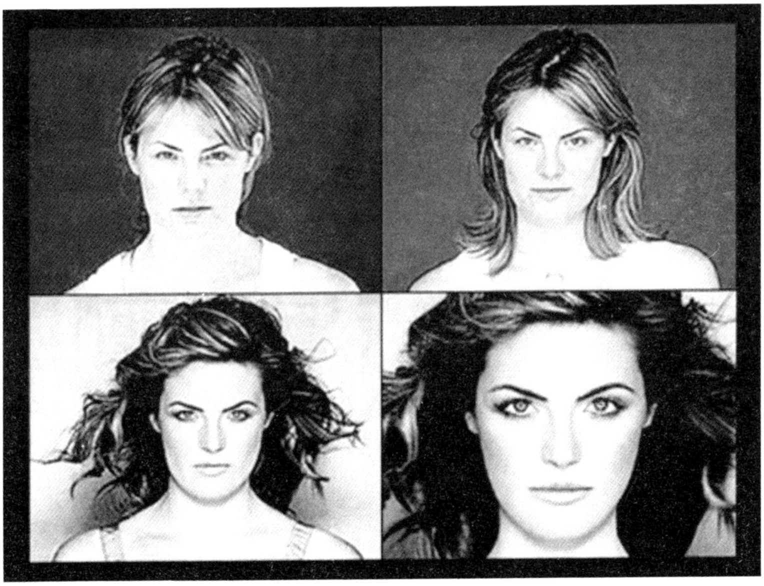

多芬的互动式营销

这一系列互动营销活动推出仅两个月，多芬在美国的销量就增长了600%；半年之后，其在欧洲的销量也增长了700%。

移动互联网消费者不喜欢单向、强制式的广告，他们希望自己去体验、去发现、去感受。同时，他们也渴望与其他人分享这种亲身体会的感受。因此，企业不仅要学会主动和用户互动，还要帮用户在他们与其他用户之间搭建一个交流的平台。

1.1.2 以粉丝主导取代企业主导

在诸多刚刚兴起的移动互联网营销思路当中，最博人眼球的就是“粉丝经济”了。大部分使用移动互联网的人都在某些社交网站有自己的账号，比如人人、微博、微信等，网络社交生活化成为一个不可避免的趋势，因此，社交网站的基础——好友，也就是俗称的粉丝，成为一个重要的营销落脚点。在移动互联网时代，粉丝经济至少可以有两种解读：一是通过对企业品牌的塑造，吸引一批认同企业价值观的忠实客户，例如，赞赏苹果创新与个性精神的果粉就为苹果创造了大量的利润；二是通过对企业移动互联网社交门户的长期经营和推广，积聚一大批关注者，并据此开展各种营销活动，利用舆论热度来提高营销效果。对企业来说，这两者都是不容忽视的。

1.1.3 以网络销售渠道取代传统销售渠道

移动互联网的发展也促使网购得到进一步发展，虽然目前仍有不少人担心手机支付的安全，但这种便捷的消费方式必然会成为未来的主流消费模式。所以，企业在进行移动互联网营销的同时，还要进行相关的渠道建设，如果仅仅希望通过移动互联网营销将顾客吸引到自己的线下门店，那实在是对移动互联网资源的巨大浪费。

据中国电子商务研究中心发布的报告显示，仅2013年上半年的网络零售交易规模就达到了人民币7 542亿元，同比增长47.3%。与网购一同高歌猛进的是快递业务的飞速发展：2013年上半年，全国规模以上的快递服务企业的业务量累计为38.4亿件，同比增长60.6%，业务收入达人民币629.8亿元，同比增长34.5%，其中网购业务占到快递业务一半以上。

有了新的营销视角，接下来就是在此基础上挖掘、完善属于自己的移动互联网营销方法和渠道。无论是在品牌传播、产品促销还是渠道建设方面，企业都面临着全面的变革。因此，要么主动参与到这场变革的洪流中，成为先驱者，要么就在踟蹰犹豫中被洪流迅速吞没。

1.2 精准营销蕴藏巨大经济价值

1.2.1 以精准营销取代泛化营销

相较传统媒体广告移动互联网广告的投放更加精准，这种精确不仅体现在投放的准度，也体现在投放内容的个性化，所以对消费者的刺激作用更加明显：首先，使用移动互联网的用户的信息是可以被追踪、收集和分析的，消费者的兴趣和需求可以被判断；其次，通过各种新技术，尤其是大数据，企业可以将客户关系管理数据库与人格营销联系起来，针对具有不同人格和偏好的群体设计不同的营销、沟通方案，确保营销过程不招致用户反感。

在当今这个移动互联网时代，想用手机赚钱，就不能放过手机广告精准投放的巨大价值，因为这种精准投放及其后续营销拥有其他媒介不可比拟的绝对优势。

【案例直击】阿迪达斯的精准营销

世界著名运动品牌阿迪达斯曾在中国联通手机平台上进行了广告的精准投放。它选择了 WAP-PUSH 和“互动视界”文字链接两种广告形式，相比传统的随机广告弹窗，这次精准投放的效果很理想：文字链接的点击率是 4.25%，WAP-PUSH 的点击率是 4.38%，注册率也达到 4.32%，而用户投诉率为 0。通过这些数据我们可以看到，手机广告通过精准投放能达到平均 4% 以上的点击率，远远超过网络随机广告弹窗千分之几的点击率，其购买转化率更是令企业惊喜不已。

1.2.2 营销精度决定市场额度

传统市场营销理论要求企业围绕产品（Production）、价格（Price）、促销（Promotion）以及渠道（Place）这“4P”制定营销战略，开展市场营销活动，也就是常说的“4P营销”。但是，随着经济的发展，市场营销的环境也发生了很大变化：一方面，产品的同质化现象日益明显；另一方面，消费者的个性化需求不断增强。因此，美国营销学者劳特明提出了“4C营销”，即顾客（Customer）、成本（Cost）、便利（Convenience）和沟通（Communication）。4C理论认为，对现代企业来说，重视顾客要比重视产品更重要，企业必须从消费者的角度出发，为消费者提供最优质的服务。

进入到移动互联网时代，精确营销则成为当前营销市场的一大主流趋势。它在“4C营销”强调顾客的基础上，不仅要求精确地定位客户，还要求建立起良好的客户关系，并能够充分使用客户数据库。高要求带来的是高回报，精确营销给企业带来的回报就是：客户更有价值、营销成本更低、营销过程可测试、广告价值可衡量，进而企业利润也可以预测。

我们看到，传统的营销模式有些类似于战争中的狂轰滥炸，而精确营销就如同现代战争中利用先进的定位系统来有效打击目标。当产品日趋同质化、价格战使得利润空间日渐趋薄的时候，企业为了在竞争中体现出差异性，纷纷高举服务牌、文化牌和品牌等大旗。面对这种情形，谁能够把握客户的需求，分析趋势、把握潮流，将个性化服务精准地呈现到消费者眼前，谁就能够将营销工作做深、做细、做透，能够牢牢占据更多的市场份额。

1.2.3 精准到地图定位的营销

营销理论的发展都是在技术的推动下完成的，在传统营销环境中，由于没有移动互联网及其相关技术的支持，营销人员只能形成这样一套相对模糊的固定模式：先分析各大传统媒体的受众，然后根据自身产品的特点来选择相应受众最青睐的媒体进行广告投放，如在电视投放生活购物广告、在报纸投放房地产和汽车广告等，接下来就是等待广告效果了。可以看到，这种营销的精准性存疑，很多营销资源都在各个环节中被浪费掉了。

移动互联网的兴起使得智能手机、平板电脑等成了新的信息传播渠道，而它们拥有电视、报纸等传统媒体所不具备的强大信息记录功能。我们在什么地点接上移动互联网、主要浏览哪些网页、在每个网页停留多长时间、搜索过哪些关键词等类似信息都被悄悄记录下来。最终，通过这个信息数据库及定位技术，企业不仅可以分析出用户的兴趣爱好和消费习惯，还能推断出用户的即时状态，并预测用户的当前潜在需求，从而适时推出自己的相关产品和服务。

举个例子，通过移动终端的定位技术，企业可以知道一个用户下午 2 点在一条商业街附近，根据数据库里的信息并结合当前的时间、地点来推测该用户的状况，进而判断其最有可能去哪吃饭或去哪购物。得出这些结果后，附近的餐饮和购物中心就可以向他推送他最感兴趣的食物和商品的优惠信息。通过定位技术，企业还能追踪用户的移动轨迹，如去过哪里、经常去哪里、在每个地方停留多久等。这样，就相当于绘制出一张用户的“消费地图”。有了这张地图，企业就可以在做活动推广或产品促销时，更加准确地知道如何针对不同人群提供不同的营销方案。

某商场周末要搞促销活动，首先，它将不同的目标人群根据其“消费地图”进行归类：一是经常逛该商场，最有可能参加该活动的人；二是经常逛商场，但来该商场次数不多的人，他们也有可能参加这次活动；三是经常逛商场，但从未来过该商场，他们来参加活动的概率比较低。对第一类人，商场主要应做好活动内容与现场互动，在宣传时不必刻意强调商场地点；对第二类人，商场要对促销的亮点进行包装，给他们足够的理由过来；对第三类人，除了对营销信息的优化外，还要标注好商场的具体位置和详细的交通线路图。

移动互联网精确营销的基础是“一人一机”，移动通信设备的使用者是唯一的，因此对其长期数据的分析可以形成一对一服务的基础资料。例如，在向其推送信息时，可以根据其特点设置个性短信，这种精确性使得企业直接营销的能力大大加强。

1.2.4 精准到个人，让用户主动提要求

我们知道，在传统营销模式中，要想让消费者开口告诉你他的需求是很难的，这里面除了沟通渠道的问题，还有消费者自身需求模糊的问题。移动互联网既提供了丰富的沟通渠道，还进一步提高了消费者对自己需求的挖掘欲望。因此，通过微博、微信、App 等包含各种用户信息的工具，企业的营销选择将更有针对性。

【案例直击】沃尔玛运营社区赚人气

世界零售业巨头沃尔玛用 3 亿美元兼并了一家名为 Kosmix 的社交媒体网站，沃尔玛之所以对 Kosmix 感兴趣，是因为它拥有强大的对社交网络信息进行分类、过滤以及优化搜索的能力。兼并完成后，该公司现已变成沃尔玛旗下的实验室，负责分析互联网用户在 Twitter 和 Facebook 上公开发布的信息，从而优化沃尔玛的产品和推广策略。沃尔玛实验室产品副总裁拉维·拉吉说："在社交媒体中，每天都有海量信息被创造出来。我们公司就要用这些数据来决定将哪些商品配送到哪些店铺。"

其实，精确营销的目的依然是增加营销效益，只是方法更加有效。一方面，营销开始更加重视技术，比如营销的自动化；另一方面，营销的过程不仅仅只是涉及创新，还必须考虑到财务因素，进行投资回报的计算。而精确就意味着会获得更高的效率，即用更低的成本获得更高的收益。在现代追求高效率以及存在诸多需求的市场中，精确营销无疑会让企业获得巨大优势。可见，"有的放矢"的战略，更能帮你赢得"比赛"。

1.3 破解饥饿营销所蕴含的经济密码

1.3.1 以免费产品赚人气

“免费的才是最贵的”作为一条容易被人忽略的传统营销法则，在移动互联网时代却得到了越来越多企业的重视。当然，免费策略并非真的永远免费，也不是简单的“先免费，后收费”。在移动互联网时代，企业需要重新思考产品的定位与作用，不应再单纯地把它当作商品来销售，换个思路，将它作为一件营销工具，它就能为你带来更大的收益。

在移动互联网时代，免费才是最好的营销方式，甚至有人指出：互联网经济就应该是免费的经济。这是因为通过互联网将产品传递到用户手上的成本接近于零，因此，一款产品的移动互联网用户基数越大，它分摊到每个用户身上的成本就越低。你用100万元人民币开发一款产品，免费让1 000万移动互联网用户使用，也就是平均每人的营销成本只有1角钱，性价比很高，而且还能形成口碑，增强推广效果。因此，产品使用免费，通过设计增值服务向其中一部分用户收费，或者通过免费体现线上产品的方式将用户导入到线下实体店等，这些才是移动互联网营销的合理盈利模式。

利用产品免费来积累人气，再通过其他方式赢利的例子不胜枚举：360提供免费杀毒服务后，其收益已经超过之前杀毒行业总和的n倍；淘宝用免费开店加上草根网站推广的模式秒杀了eBay的付费开店加门户网站排他广告模式……这些案例都证明了免费营销的价值。

1.3.2 移动终端将免费进行到底

当然，免费并不仅仅是字面上的意思。有些产品，如手机等，不可能免费赠送，但依然要以“免费营销”来进行战略思考。雷军就深谙此道，他坚信：

在互联网时代，唯一不会被打败的生意就是有胆量做不赚钱的生意。所以，他从一开始就不指望小米能在三五年之内赢利。

2010 年 1 月，雷军找到启明创投的童世豪，说明了融资需求。雷军说："有一点我需要提前说明，小米科技在 3～5 年内是不准备赢利的，如果启明想要收到短期利益的话，最好慎重投资，也可以选择不投。"雷军对所有的投资人都说过这句话。这种想法与他用互联网的方式做手机的思想紧密相关。从接触互联网以来，将近 10 年的时间，雷军一直都在研究这个领域的规律。他发现在互联网上成功的企业几乎无一例外刚开始的时候都是不赚钱的，它们的大部分服务都是免费的。

其实，对于互联网的免费法则，雷军早在创办卓越网时就已经运用娴熟。卓越网当时的竞争对手是当当网，雷军用打折的手段和当当网来竞争以吸引用户。他发现，电子商务的核心就是比谁拥有的消费用户多，只要用户存在，以后总是持续消费的。

雷军深知，在互联网领域，免费经济学早已深入人心。其核心理念就是让用户免费使用产品，从而形成口口相传的力量，不断扩大用户基础，更多的用户体验反馈又反过来能帮助这个产品更好地改进，就此形成良性循环。腾讯的 QQ 和微信，以及奇虎 360 的 360 安全卫士，都是通过这一模式成为互联网行业的赢家的。

1.3.3 免费让经济效益滚滚而来

有人质疑小米的赢利模式："小米手机不靠硬件赚钱，那么究竟怎么赢利？"

"10 年前腾讯怎么赚钱，今天我们就怎么赚钱！"雷军说。

腾讯 QQ 的软件客户端在 Windows 上的使用是免费的，但腾讯成了中国最赚钱的互联网公司之一。因为 QQ 是几乎所有网民都要使用的软件，是很多网民每天上网必经的入口。只要 QQ 能保持成为用户的入口，一旦发现赚钱的机会，腾讯就可以加入。

360 也是如此，免费做安全杀毒、免费提供浏览器、免费管理软件。当它成为绝大多数网民的必备软件时，所有软件只有通过它才能到用户手上，于是它就可以在游戏赚钱的时候收游戏联合运营的钱，在团购火的时候收团购的分成费，最后它也就上市了。

同样的，雷军认为手机是目前人们唯一不可或缺随身携带的电子设备，未来所有的信息服务和电子商务服务都要通过这个设备传递到用户手中，谁能成为这一入口的统治者，谁就是新一代的王者。3 ~5 年不准备赢利，雷军其实是想要占据一个入口，像腾讯和 360 那样，只要用户足够多，以后通过终端销售内容和服务就可以赢利了。

经过一系列的探讨，雷军最后确定了小米手机的营销策略：在不赚钱的模式上发展手机品牌，软硬件一体化，定位中档机市场——1 999 元人民币的售价不高不低，基本配置向高端机看齐，甚至有些方面还要领先。极强的性价比形成很高的进入壁垒，也树立了小米手机的竞争优势。

小米手机从一开始就不准备用硬件挣钱，初始定价为 1 999 元人民币，基本上接近成本，而内置的 MIUI 系统也是免费的。这种颠覆性的营销模式很快取得了成效——小米手机刚卖一个星期，就冲到了中国市场手机品牌第九位，在所有国产手机里排第一位，而它的百度指数是 36 万，热度达到 iPhone 4S 热度的 2/3。

高性价比使小米在半年内卖出了 180 万部，反而实现了微利。后来小米又和联通、电信合作，用户预付一定的话费就可以免费拿到小米手机，开发了另外一种免费模式。

就在小米手机发售不久，有很多家维修企业都来找雷军，申请小米维修。雷军这才知道，原来售后服务也是很赚钱的生意，但他委婉地回绝了这些企业：“互联网创业，免费才是王道。维修如果赚一分钱，就是我们的错误，要抱着这样的决心。今年我们的最大动作是售后服务总动员，一定要把售后解决好。”

这一系列免费策略使得小米手机的人气不断飙升，雷军自豪地解释小米首发时在 30 个小时内实现 30 万部销售量的过程：“前 10 万部只用了半个小时。之后我们提醒客户，两个月之后才能发货，还需要吗？之后的 10 个小时又有 10 万订货。然后我们说，12 月份才能给你，还要吗？后面的 10 个小时又有 10 万订货。我相信如果把这些限制都去掉，30 个小时 300 万部都没有问题。”

第2章

横空出世的微信和微博

2.1 动一动指尖，掀起移动互联网时代的营销变革

2009年8月，新浪微博在国内吹响了微博服务的号角；2011年，微信出现在人们的视线之中。短短几年的时间，微信和微博已经完全颠覆传统互联网时代的现状，人们获取信息的主要途径从电脑、电视屏幕转移到移动终端，人们的生活正在发生一场巨大的变革，社会化媒体平台的重心正在转移。

2.1.1 从浏览到消费，一场传播的变革

从传播媒体的演变史看，一种传播媒体普及到5 000万人的用时在逐渐缩短：收音机用了38年，电视机用了13年，互联网用了4年，微博用了14个月，而微信只用了短短433天，用户就已经突破了1亿。不得不说，这是一个令人惊叹的时代变革！

微信和微博的出现无疑是互联网时代信息技术发展的新突破，并以它独特的优势迅速超越了传统的通信方式，互联网专家也预言："在不久的将来，很多互联网网站的运营也会受到微信的冲击。"人与人、人与企业之间的沟通逐渐变得零距离。

阿里巴巴集团副总裁兼数据委员会会长车品觉对这种变化的分析值得我们借鉴，他说："如果你注意身边的变化就会发现，移动终端的进步正在真正地实践一个一直未爆发的O2O概念，其中的关键就是世界正在快速数据化中。这意味着互联网与日常生活已经渐渐结合为一个新的世界。"他进一步指出这种变化为各行业带来的危险和机遇："这个新世界将会容许无数的破坏性创新，电子商务因为移动互联网的出现将会首当其冲地发生变革。"企业固有的检测购买转化率的方式将受到严重挑战，因为消费者在企业网站上停留的时间将变得无足轻重，他们会通过手机等移动终端，以更加碎片化的方式访问企业网站。同时，随着移动终端支付的普及，车品觉大胆预测道："移动互联网带来的交易占比将不再是你的部分，而是全部！"所以，这种不可逆转的改变值得所有电商，甚至所有企业关注。

微信和微博的火爆让很多人都看到了未来世界即将发生的巨大变化，而能够成功应对这一切的人就会是最终的胜利者。正如查克·马丁告诫人们的那样：“要么就去主动参与塑造未来，要么就被强加一个未来。”如今，电视、报纸、杂志早已不再是消费者的主要信息接收渠道，移动终端作为目前最大、最便捷的营销信息发布平台，如今更是连最后一个消费步骤“支付”都一并拿下。可想而知，随着零售收入不断向移动终端集中，企业的营销投入也将大幅向移动端倾斜。但作为一个全新的营销领域，仅仅增加投入是远远不够的。每个刚刚开始在移动互联网营销方面探索的企业都会一步步发现，自己竟然在许多方面都处于全然无知的状态。全新的营销平台加上全新的消费模式等于全新的营销策略。

【案例直击】中粮美好生活：粉丝数超过33万

用户喜欢什么话题？怎样的话题才能引起用户的共鸣？什么样的话题才能产生多米诺效应？“微”营销能否以小博大、实现有效的“借”力营销，说到底，就是要挑选出特别的、优质的内容或话题，“刺中”用户的情感神经，让用户真正由内而外地参与到营销活动中来，并在参与该活动的过程中，获得情感上和心灵上的满足感和依赖感。

“中粮美好生活”自上线之后，根据自己的品牌及产品特点，结合人们内心对美好的向往与回忆，发布了很多优质的、有特色的微博内容，如养生常识、品酒经验、特色食谱、生活窍门等，成功地将品牌理念传达得淋漓尽致。

中粮“美好生活”官方微博

同时，中粮通过设计微博话题，用话题来引发用户互动，用内容来引起用户共鸣，以此形成了一股关于“美好生活”的互动沟通热。中粮精心设置了各种关于“美好”的话题，如“记忆中的味道”“最浪漫的事儿”“e 团圆”等。用户可以在这些话题下记录自己的生活记忆，并收到中粮赠送的“中粮福临门粮票”一张。参与这些话题的用户不仅收获了几张粮票，还有关于“美好”的种种记忆。而在记住美好的同时，他们也记住了中粮。

中粮“回忆美好”，简单的几个字唤醒了用户内心深处潜藏的情感需求，该口号就如同打开用户心灵之门的钥匙，让往昔美好记忆重现，使得用户自然而然地想参与其中。“刺中”用户的情感，是微博营销最高明的“借”力之道，也很容易产生微传播的多米诺效应。红麦软件总裁、互联网知名营销专家刘兴亮对中粮营销案例评论道：“这不光是营销活动，应该是最高层次的情感营销。”

截止到 2014 年年初，中粮美好生活新浪微博粉丝数已超过 33 万，打造了超过 400 万的话题数，活动 Minisite PV 超过 400 万，Minisite UV 超过 200 万。

对“美好生活”的定义，每个人都不尽相同。也许是童年的一段游戏时光，也许是现在和爱人在一起的分分秒秒，抑或仅仅是对记忆里某种熟悉味道的重温一刻。中粮主打“美好生活”这张情感牌，就需要一个能够让目标用户一起体验和分享“美好生活”的开放平台，微博无疑就是能将这种体验和分享最大化的平台。“随时随地分享新鲜事”的用户习惯又正好契合“美好生活”发现并分享生活里点滴美好的主题。

通过这些营销宣传，不仅中粮的粉丝量有所增加，产品的销售量也变得非常可观，完全满足了人们对“美好生活”的情感诉求。

2.1.2 沟通零距离，地毯式迅速覆盖

1. 简短式记载，裂变式传播

微信、微博的特点是操作十分快捷简便，对用户技术要求低，时效性和互动性强，传播速度极快。微信、微博的关注方式既可单向，又可双向；内容简

短明晰，任何人都可以在短时间内将信息迅速编辑并传播出去，而他们的粉丝也可以同步看到这些信息；用户也可以随时随地发表心情或分享有趣的图片、音乐、视频等，与朋友进行互动交流。所以说，微信、微博既是个人生活细节的全方位展示，又是人们分享信息和人际交往的良好平台。

以微信、微博的两大特色功能来看，“评论”和“转发”使信息呈现独特的裂变式传播。每个用户都拥有一定粉丝，明星、社会名人和机构团体的粉丝数更是动辄成百上千万。每个用户都与自己的粉丝之间构成了传播小群体，通过转发将信息大面积辐射出去，使之无限传播，足以延伸至世界任何角落。

例如，戴尔的Twitter账号在12个国家都有追随者。过去八个月来，单是巴西的用户就为他们带来了近百万美元的业绩。

正如戴尔在线部门副总经理马尼什·梅赫所说：“对我们而言，这是一个非常活跃的渠道，并且正急速成长。不仅是我们与顾客的接触和成长有进展，全球都有同样的现象。”

微信和微博就是具有着原子裂变一般的传播威力，当时代的脉搏变得越来越快时，企业有什么理由不去重视它带来的可能性呢？

证券公司操盘手陈逊说：“出于工作需要，我每天要阅读几万字的碎片化信息。做我们这行的，与整个社会的联系都很紧密，一条不起眼的消息，甚至微博上一个假消息都可能会对股市产生影响，因此多获取信息对于我们来说是必需的。”他每天的阅读都和网络分不开：每天下午收盘后，他第一件要做的事就是上QQ和微博，与朋友、同行交流最新信息，然后登录各大网站、论坛看新闻，并参与热点话题讨论。

27岁的报社编辑林知宇说：“手机、微博、iPad让我的时间和阅读彻底碎片化了。我在iPad上下了十几种阅读类的App，有各种媒体的客户端，也有信息搜集工具，每次打开它们，都像是打开了一个黑洞，光是下载和更新就会吸走我大把的时间，可更新后的内容，我往往都只是瞟一眼标题，就赶着去寻找其他的更新内容了。”他的一天始于微博，也终于微博，每天睡前都要打开手机微博刷一下看有没有新鲜事。

全职太太陈菲说："生完孩子后，我成了一个全职太太，一开始我有点担心，害怕自己和社会脱节。有姐妹就安慰我说，现在不像过去了，注册个微博，每天全世界发生的事情你都能知道。果然，我虽然现在在家带孩子的时间多，但是可以通过微博和朋友沟通，了解外面的社会，还可以上论坛和年龄相当的妈妈们讨论育儿经，交了不少天南海北的朋友。每天上上论坛，看看微博，学会了很多东西，我的生活也丰富多了，我现在觉得全职太太真的不会寂寞。"

【案例直击】今日头条新闻：消息推送营销显奇功

"高考的余温还没降下，神舟十号在今天的 8 时 07 分成功降落于内蒙古四子王旗主着陆场预定区域，3 位航天员聂海胜、张晓光和王亚平顺利出舱，3 人身体状况良好。"这条消息来自微信账号"今日头条新闻"的信息推送。

今日头条新闻在消息推送方面做得是非常好的，它会选择在每天下午 6 点左右准时推送一天最重大新闻，订阅用户可以通过微信直接了解最近发生的大事和新鲜事，这种方式能够让用户避免大海捞针地去寻找重要信息，从而更为精准地找到自己想要的信息。

"今日头条新闻"微信公众账号

今日头条新闻微信选择在下班时间定时推送消息，是因为人们在完成一天工作的回家路上可以看看当天的新闻，把它当成是一种调剂，这样就既可以了解当下的大事，又可以排遣无聊的时间。这种消息推送的方式为今日头条新闻的品牌传播起到了很大的作用，让用户更加喜欢这个公众账号。

2. 碎片式呈现，无缝式分享

根据腾讯发布的一份涵盖中国各大城市网民的网络使用报告显示：有73%左右的网民会在等人的时候用手机上网，有68%左右的网民会在公交车或是地铁里用手机上网，有57%左右的网民在晚上睡觉前用手机或iPad上网。

可以看出，移动互联网正无孔不入地填充着我们生活里的碎片化时间。随着这种碎片化上网的时间不断增多，我们越来越习惯于从移动终端上网。上网习惯的改变从根本上造就了移动互联网时代的特殊性。而微信和微博完全贴合了人们的需要，人们不需要过多追求主题深刻、构思巧妙和文笔优美，短短的几行字、几个照片就可以随时随地分享我听、我见和我思。

要想掌握移动互联网用户千奇百怪又变化万千的口味，就需要彻底地更新自己的营销思路，并学会使用相应的新技术，建立碎片化营销思维，利用大数据收集、分析移动互联网用户的信息和喜好。虽然移动互联网用户的时间是碎片化的，但他们的需求依然是完整的，企业要做的就是用上述思维和手段还原、开发出他们的真实需求，甚至为他们打造一个专属的个人货架。

【案例直击】“失眠粉碎机”：小消息，大效应

为了迅速抓住用户，你的营销内容必须突出亮点。以“全球健身中心”的一条推广睡前瑜伽的微博为例，其微博正文一上来就以“失眠粉碎机”等字眼吸引住受失眠困扰的用户，以简短的语言、精练的步骤在140字以内清楚地介绍睡前瑜伽的做法，并配上详细的动作流程图，让用户感受到它的专业。该微博仅发出一小时就获得上千次的转发。

【绝！号称失眠粉碎器的睡前瑜伽】现在的人们压力大、烦恼多，学习工作了一天到了晚上还睡不着。怎么办？不要担心，这8组瑜伽动作，每个动作1分钟，间隔20秒，每周2-3次，不仅可以调节身体内分泌，还可以塑型健体，而且对失眠和精神焦虑者特别有效。还在被失眠困扰的朋友们，果断get√起来吧！

今天 14:31 来自微博 weibo.com | 举报　(282) | 转发(1890) | 收藏 | 评论(158)

“全球健身中心”的睡前微博

3. 开放式群聊，平等式交流

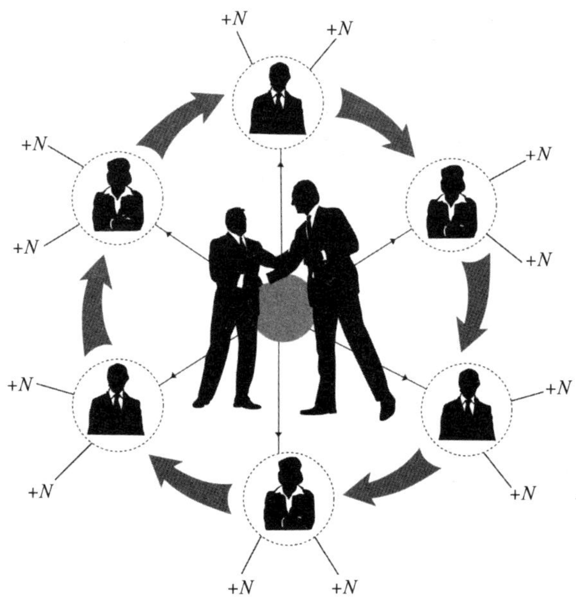

微信和微博上基本所有发布的信息都向关注者以及其他网友公开，具备媒体由信息源向一定数量的受众传递信息的特性。同时，微信和微博又具备社会化特征：一方面因它的内容可以由任何社会化个人自由创建；另一方面它的传播依赖人与人的社交关系网络完成，而非目标不特定的信息传播。

微信和微博具备全天候24小时、一对一、一对多、即时性等特点，使得互联网群体可以平等、自由对话，让社会中原本一成不变的交流方式发生了彻底变革。从前绝不曾想到的交流方式摆在了我们的面前，供我们选择和利用。这一变革给社会的各个层面带来了巨大的利好，之前在解决问题、寻找高效沟通协作方法时需要越过重重阻碍，如今变得轻而易举。

【案例直击】中国电信：用心解答用户问题

2013年4月9日，中国电信正式推出首个全国微信客服官方平台。用户只需搜索微信号“中国电信客服”或“Zgdxkf”，或者扫描中国电信客服二维码即可关注中国电信客服。绑定了中国电信客服平台的用户，除了可以通过微信客服了解中国电信热点活动信息、咨询常见问题、寻求在线帮助外，还可通过微信登录中国电信掌上营业厅办理相关手机业务。

业内人士评论指出，微信为有意愿涉足数字化营销服务的机构提供了一个安全、创新、灵活的展示平台和沟通平台，通过一个入口，实现多维度跨界的服务体验。在客户服务方面，微信“一对一”的私密互动性具有绝对的优势：一方面可以安全高效地满足用户大多数业务办理需求；另一方面让用户能感知到自己互动的时象是实实在在的人，而不仅仅是一款产品，因此主动传播欲更高。

2.1.3 时空不局限，粉丝爱不释手

1. 随时随地享受便捷网络

移动网络有着无可比拟的优势，它不会受时间和空间的限制，只要你愿意，你可以随时随地享受到网络带来的便捷。人们在享受方便的同时，上网的时间

也在逐渐延长。

碎片化时间消除了传统营销的时空限制。在时间上，一天 24 小时都有人在浏览移动互联网；在空间上，从家里到公司、从公交车上到餐厅里，几乎每个地方都有人在使用移动互联网。这种改变使得传统的营销时空规律不再具有适用性，这其实是一种巨大的机遇，因为这表明你的营销活动不仅可以随时展开，还可以得到即时的响应。从前做营销活动往往需要进行长期的筹备，还需要拉人气、安排人手、核算成本……移动互联网时代的营销活动大多在网上展开，一次促销活动只要策划得有新意、有诱惑力，在微信、微博发出去的几小时内就可以吸引几十万甚至上百万人的注意。也就是说，移动互联网时代的营销门槛已被大大降低，营销效果却得到了大幅提升。当然，这也意味着竞争会变得更加激烈。

总之，碎片化时间全面而深入地影响着移动互联网营销。它既是移动互联网营销得以产生的根本原因之一，也是移动互联网营销能够发挥作用的重要落脚点。企业需要深入地考量时间碎片化对于用户的意义，这样才能精准地把握营销方向。

【案例直击】蒙牛：以记录碎片为题的成功案例

蒙牛曾在新浪微博和腾讯微信上同时开展了一场名为“寻找真实自我，真自游”的活动。该活动的规则很简单，用户只需要拍摄并上传一张与“展现真我”主题相关的照片即可。由于活动门槛很低、参与方式方便、主题贴近用户生活，加上活动设置的单反、旅行套装等诱人奖品，所以很快便吸引了超过 150 多万热心网友参加，仅新浪微博就有超过 80 万的转发量。

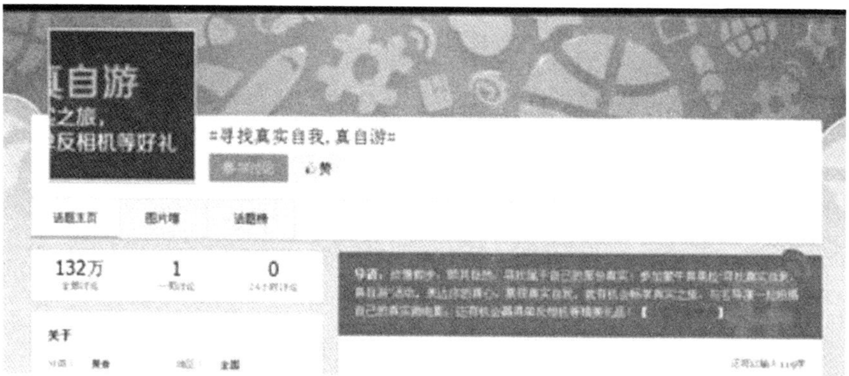

蒙牛“寻找真实自我，真自游”的活动

这次营销活动值得我们借鉴的地方主要有两点：一是简化活动参与方式，最大限度节省用户时间；二是巧妙设置活动主题，用“寻找真我”来引起在碎片化生活里渐渐迷失的用户的共鸣，同时还符合蒙牛真果粒的产品卖点——“真”。这个案例也告诉我们，时间碎片化给移动互联网用户带来的除了高效和方便，还有遗憾与缺失。而无论是前者还是后者，都能作为企业开展营销策划的重要参考方向。

2. 投放更精准，关注度更高

“用户为王”是互联网时代不可争议的法则，能否占有大量的用户是企业网络营销是否成功的一项关键指标。牢牢吸引住用户的视线，逐渐培养用户使用网络的黏性，增加用户的活跃度，当浏览信息已经成为人们生活中的习惯，那么相关的增值业务也就很容易开展了。

如果我们所拥有的用户群是稳定的、高黏度的，我们就可以依托这样的关注度，将要向用户展现的信息根据用户的年龄、收入、教育水平、职业等分类而做出针对性的投放，引起用户更大的关注，这其中所蕴含的营销潜力是不可估量的。

【案例直击】欧派电动车：展示一个贴合产品优势的丰富世界

作为电动车行业中的“微信先驱”，欧派电动车在微信上一直保持着高曝光率，微信内容也是吃喝玩乐无所不有，从热门小测试、轻松骑行游到“唱响幸福”活动等。欧派电动车微信以互动性强、参与形式丰富和高产品贴合度为特点，展示了一个与电动车有关的丰富世界。

2.2 用微博和微信，各界人士皆获益

微信一问世就被用户疯狂追捧，享受到了和当年微博同样的待遇，甚至有过之而无不及。无论草根、名人、媒体、企业和商家，各行各业的人都动了起来，甚至一些非营利机构都运用微信做起了民意调查。

针对用户的使用情况分析，微信和微博不管是点击率还是销售转化率都要比传统的互联网应用高出很多，其中所蕴含的商机更是可想而知。下面，我们就看看不同人群分别通过怎样的方式受益。

2.2.1 微信和微博用户的特征

1. 微信和微博用户的地域特征

使用微信和微博最多的人群集中在国内一线城市，其比率高达 62.66%；其次是二线城市，其比率约为 21.39%。这反映出：消费力越强的地区，使用微信和微博的人数越多，用户黏性也更高。

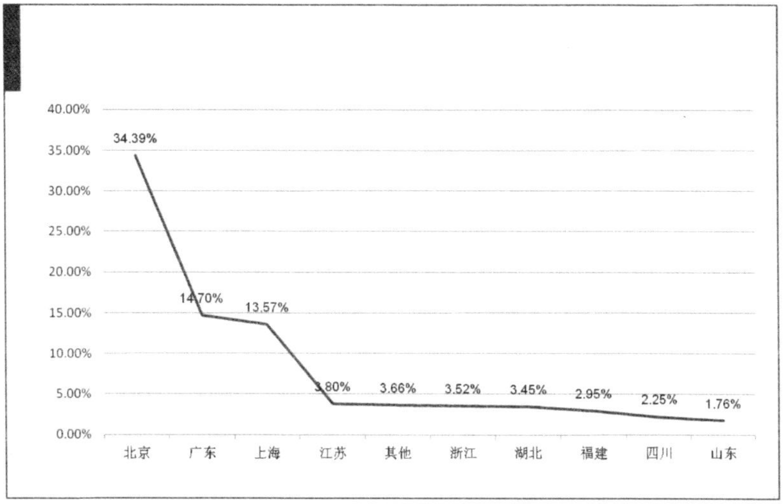

微信和微博用户的地域分布

2. 微信和微博用户的学历特征

微信和微博用户群的受教育程度也可反映出一定的消费能力和特定心理特征。受过良好教育的群体思想更活跃，并且更容易接受新鲜事物，有更强的表达与沟通能力，有更高的社会参与意识，使用微信和微博也更为频繁。

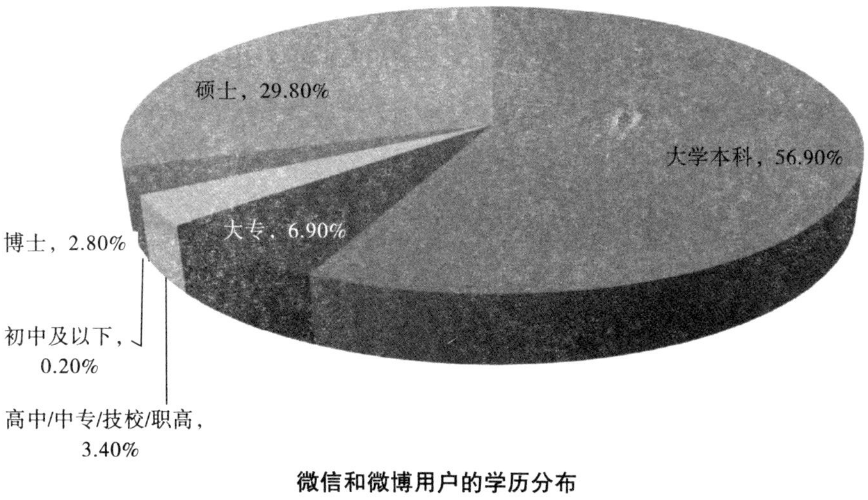

微信和微博用户的学历分布

3. 微信和微博用户的收入特征

此数据不包含明星、企业家。44.4%的无收入群体主要是学生，这也可证明微信和微博用户群有近45%是学生，55%是职场人士。在此基础上，微信和微博几乎涵盖了所有社会群体，社会精英、工薪族和学生是微信和微博目前的活跃核心人群。

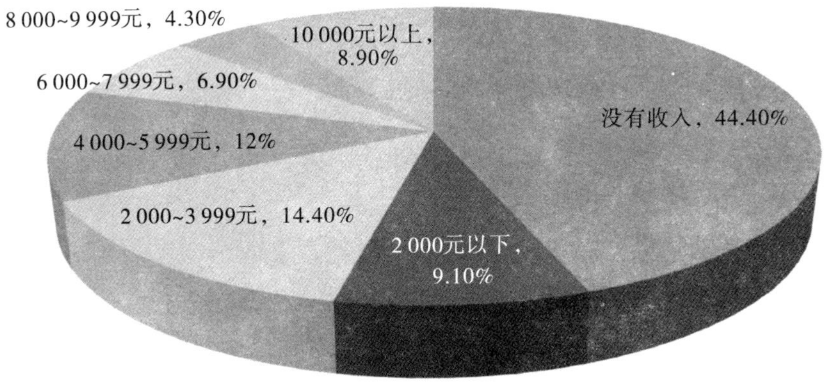

微信和微博用户的收入分布

4. 微信和微博用户的行为特征

微信和微博上的沟通交流是以圈群为中心的，微信和微博用户主要关注的人本身就是具有一定圈群性特征的人群，89%的人主要关注朋友、同学、同事、业内人士，关注的内容中主要是圈群性的话题、熟人朋友的动态、业内人士的观点等。圈群可以分为几类：以朋友、熟人为主的个人关系群；以关注主题为主的共同爱好群；以自我提升或工作合作为主的行业群。

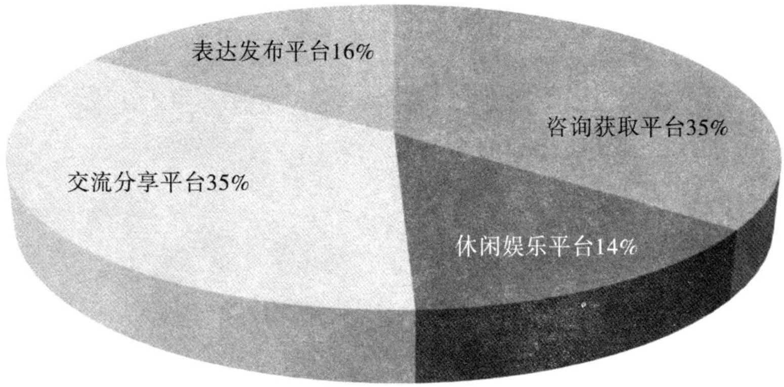

微信和微博粉丝的行为分布

2.2.2 草根一族彰显个性的大众平台

微博的出现让每个人都拥有了一个将自己的喜好、言论展现出来的平台，一时间大家在微博上面发状态、晒照片，将自己生活中的故事、事业发展的情况分享给大家。每个人的所思所想都可以在粉丝之间快速传播，在信息高速发展的今天，很多平民草根在互联网上出名了。

现在这种大众平台有了新的成员——微信。相比于微博，微信更加隐私、更加具有针对性，同时传播信息更有效，所以它在人们的生活中迅速风靡开来。微信不仅仅给人们的生活带来了便利，也给部分人带来了自主创业的机会，那些具有创意才能的人完全能够借助微信和微博的公众平台充分展现自己的智慧。

【案例直击】一大波草根英雄正在接近

随着微博的风靡，一批草根英雄迅速浮出水面。“冷笑话精选”，新浪微博著名草根账号，目前粉丝已逾1 200万。它的幕后博主尹光旭是个85后福建人，他利用互粉、转发、借鉴、图文结合等手段，成功吸引了几千万人的关注。到2014年5月，他拥有的账号包括冷笑话精选（1 220万）、美图秀秀（707万）、时尚经典语录（447万）、精彩语录（445万）、星座秘语（395万）、创意工坊

（321 万）等。

北京的华艺百创传媒科技有限公司拥有新浪草根排行榜前 50 名中的 15 个，幕后博主是贵州人杜子建。

“酒红冰蓝”公司已拥有“全球时尚”“爱情物语”等 100 多个专业账号，其粉丝数已经突破 800 万，风投们对这些账号的估值超过千万元人民币。“酒红冰蓝”还向电商领域发力，它拥有的很多“小号”都跟女性、时尚有关，它打算下半年建几个女性、时尚方面的电子商务网站，将微博粉丝转移过去。

2.2.3 媒体扩大影响力的有力工具

互联网的普及让传统媒体遭受到了不小的冲击，电视媒体的收视率大幅下降，纸质媒体的发展也变得缓慢，如何应对这种时代的变革成为每个媒体人都在思考的问题。在电子阅读中寻找媒体的出路是时代发展的大势所趋，微博在这项实验中获得相当一部分成效是毋庸置疑的，在微信上的更新一步尝试是势在必行的。无论是哪一种媒体，都需要在微信、微博的平台上提升自身的影响力。

【案例直击】珠江电台：传统电台焕发新活力

看着微信和微博的风靡，很多电台、电视栏目已经行动起来了。广州珠江电台的一档名为“一些事一些情”的栏目就率先建立了微信公众账号，他们将广播的声音在微信上做出了尝试，逐渐被人们忘却的电台之音又重新回到人们关注的视线之中。另外，他们还配合上图文信息，通过音乐放送和小测试等诸多有趣的互动方式，极大地吸引了人们的注意。

这些推广方式使得栏目不仅稳定住了即将离开的老听众，还吸引来了一批新听众，将微信和微博的电台营销品牌成功地推广了出去，使电台重新焕发了生机。

【案例直击】《第十放映室》：吐槽视频火爆网络，节目再火一把

央视火爆一时的节目《第十放映室》做得非常有特色，它从每季度上映的海量电影中筛选出最有代表性的几部，然后根据每部电影的特点进行生动有趣的介绍和精彩个性的点评。这种风格为《第十放映室》赢来大量粉丝，被网友称为“吐槽体始祖”，它的吐槽系列视频在网络上的点击率也非常惊人。

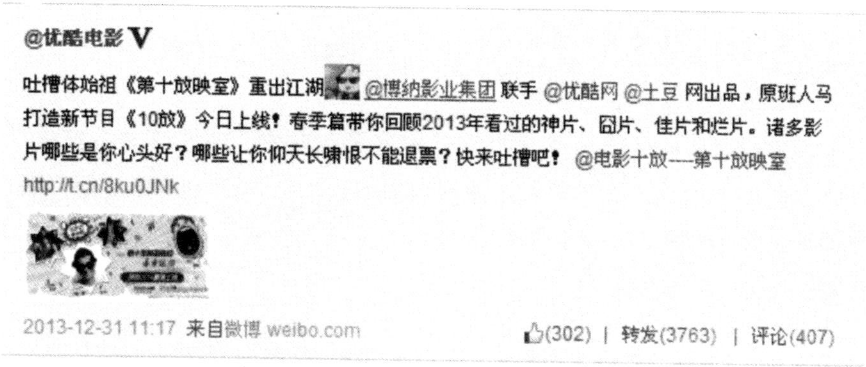

火爆的《第十放映室》网络视频

2.2.4 企业提升品牌知名度的绝佳途径

很多企业已经掌握了利用微博进行营销的方法，并取得了不错的效果，微信的出现更是给企业提供了营销宣传的绝佳途径。企业应该将微信和微博两种媒介形式结合，发挥其各自的专长和优势，在市场调研、产品研发、客户互动、市场营销和产品研发的多个方面加以利用，这样不仅能够更好地进行客户关系管理，还能通过宣传提升企业的品牌形象，可谓是一举多得。

微信方便、直接的特点使得微信平台本身就潜藏着巨大的经济价值，对于从事电子商务的企业来说，更是能够通过营销推广而直接获得经济利益。用户能够通过推广信息中所包含的链接直接进入到企业网站进行消费，而传统企业则可以通过推广而实现在线的下发订单与订购，无论采取哪一种形式，利用移动互联网络的便捷特点而进行的推广营销能够产生的经济效益是直接而显著的。在信息化高速发展的今天，只有抢占先机才能够在市场中占有一席之地，跃跃欲试的企业们快行动起来吧。

【案例直击】屈臣氏：合理利用资源，扩大品牌影响力

香港化妆品零售商屈臣氏一直都是企业营销的高手，它经常综合各种渠道来宣传自己，其中就包括微信和微博。屈臣氏不仅向用户定期推送信息，还经常发起一些活动，将网店、实体店的优势力量结合起来，形成一条完整的营销链条。

不仅如此，屈臣氏还经常利用微信和微博平台开展明星宣传、慈善义卖、会员积分回馈等活动，不仅扩大了品牌影响力，通过附带的链接还能够起到营销的作用。由此可见，合理利用微信和微博等平台，能够对企业起到很好的营销作用。

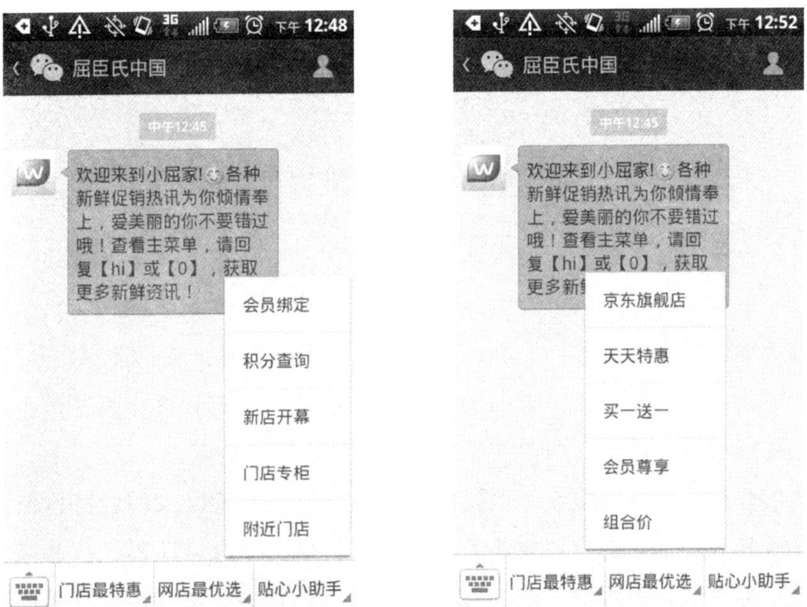

屈臣氏微信营销

【案例直击】微信传播打造“美丽世界”

美丽说是一个以经营女性用品为主的网站，它在传播口碑的时候也在借力微信。2012年4月24日，美丽说成功开通了微信公众号，所有美丽说的用户都可以把自己在美丽说的购物心得和产品体验等分享到微信中。这样做给美丽说的口碑传播带来了非常大的好处，因为用户可以通过微信不断传播美丽说上面的商品信息。

美丽说上面有大量与女性时尚相关的内容，这就为美丽说进行口碑营销提供了便利，因为女性用户会把这些内容拿出来用微信与他人分享，同时，企业也可以通过微信与用户分享这些时尚的内容。在与微信合作的过程中，美丽说并没有满足只有一个主App，他们还推出了多个风格类App，比如首个收费App“春夏搭配手册”。这样做的目的就是利用微信的传播力量来打造自己在时尚圈的口碑和影响力。

通过美丽说的口碑营销活动，我们可以看出，传播对口碑的影响是非常大的。用户通过微信，不但可以传播某件商品，同时也可以传播对该商品的评价，这对传播企业口碑、提升企业品牌传播力是有很大的推动作用的。同时，口碑的不断传播会使老用户更加忠诚，而新用户也会因为口碑好而源源不断地加入进来。

2.2.5 明星自我宣传的时髦方式

现今各个层次、各个职业的人士都在使用微信和微博，其中不乏很多明星。明星所具有的高人气吸引了一大批粉丝将关注的目光投向微信和微博，而明星也能够通过微信和微博等平台提高自己的知名度，这对双方而言是一件双赢的事。

明星一直都是人们热议的话题人物，搜索明星并加以关注，不仅能够使粉丝和明星实现直接沟通，加深人们对明星的了解，还能提升明星的公众形象和人气。

【案例直击】陈坤：微信营销新玩法

不久前，娱乐明星陈坤的官方微信有了新玩法，这吸引了众人的注意。该账号通过接入微信支付实现的会员功能，让微信公众平台的增值服务价值被更多人所认识。

与其他明星普遍采用信息推送以实现交流的方式不同，陈坤的微信公众账号并非订阅号类型，而是服务号。因此，它并不会频繁向用户发送消息，而是在微信内借助移动网页的形式搭建自己的官方主页。在公众账号内，用户可以听歌，也可以阅读电子书。在这个主页上，用户可以看到陈坤本人的新闻、写真、书籍、音乐，更重要的是，如果用户付费成为该账号的会员，则可以在账号的会员讨论区发言、看到陈坤的系列书籍、听到“私房”音乐等。付费的方式即使用微信支付，按照月付、季付和年付等方式购买“陈坤微信平台会员卡”。

陈坤的微信公众号

【案例直击】莫文蔚：双平台互动

在微信风行的今天，很多明星也开始在微信上活跃起来。莫文蔚在开通公众账号之后，通过语音、信息推送的方式与粉丝互动，与粉丝进行直接交流。高考前夕，莫文蔚还为考生们录制了加油音频，并和大家分享了自己的考学经历。除此之外，在录制专辑期间，她还通过微信组织了一次活动，加强了与粉丝之间的互动，更提升了她的公众影响力，宣传的效果是不言而喻的。

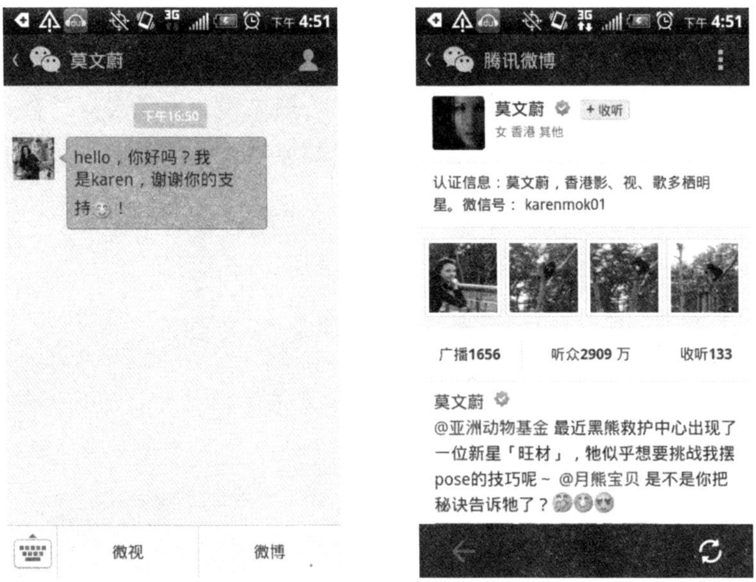

莫文蔚用微信和微博与粉丝沟通

2.3 看微信和微博预测未来

自微博诞生以来，很多商家就已经试图运用它来宣传自己的品牌及产品，微博逐步成为备受关注的移动互联网应用。在微信开发了公众平台之后，它所潜在的商业价值也逐渐被人们所关注，显示出了巨大的发展潜力。

2.3.1 贴近生活——微信和微博功能更实用

方便、实用是现代人生活中最看重的因素，无论是对于个人还是企业来说，要想满足他们的要求，微信、微博的发展方向一定是要变得更加便民、更加实用。餐饮、家政服务、房产、美容、速递、汽车租赁等本地化服务产业一定会发展为微信和微博的最大受益者。这是因为每天都会有大量用户因为生活需要而搜索这类信息，而微信和微博是解决这些生活问题最有效和便捷的方式。

本地化服务的企业和用户之间有非常高的接触度，面对面的服务非常利于发展粉丝，实时服务能够带给用户更多的信任感，企业可以通过平台组织活动、办理会员制并可以与原有的营销模式兼容。一般来说，本地服务的企业都采用过办理会员卡、发放传单等传统营销手段，只要在会员卡或传单上加上企业的微信公众号或微博地址即可实现线上线下的双渠道营销，这样的营销模式必定是本地化服务企业营销的发展走向。

【案例直击】顺丰：提供紧贴生活需求的功能服务

智能手机的普及方便了人们的生活，在见证了微信营销的巨大魅力之后，顺丰速运公司顺应时势，在微信公众平台上开通了快件查询服务，让用户可以轻松、便捷地追踪快件状态，为用户提供更贴心的查询服务。

顺丰速运开通的这个微信服务的主要功能有两个：第一，当收货人想要查询自己的订单状况时，只要输入运单号，就可以实时掌握快件的动态；第二，如果查询的快件动态发生变动时，顺丰将主动推送信息给用户，这就不需要用户再费时去查询了，这也是微信精准营销的一个好处。

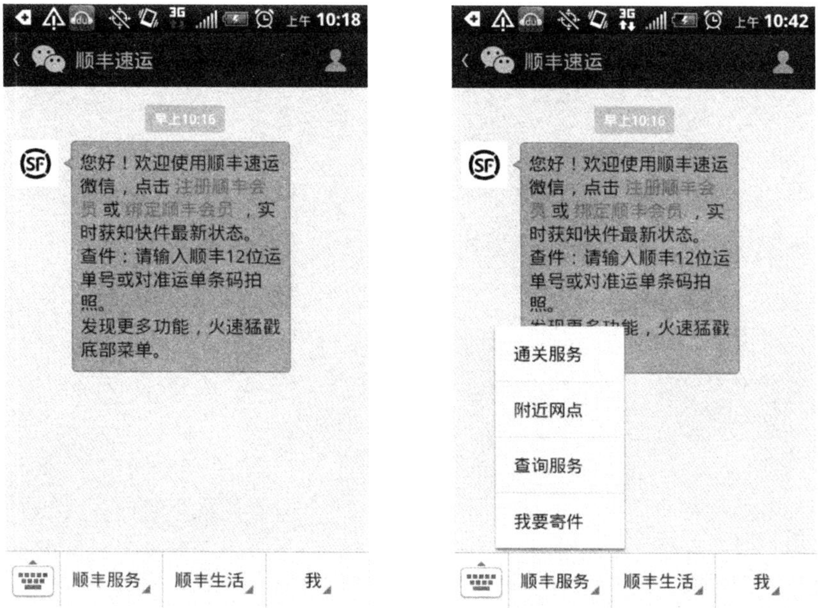

顺丰快递的微信贴心服务

【案例直击】东航：一切为了方便用户

东航95530微信自助服务上线后，旅客只要通过查找微信公众账号搜索“东航95530”就能添加其为好友。目前该公众号的自助服务主要有三个功能：航班动态查询、机票验真和城市天气查询。旅客只要发送“?”就能获得服务主菜单，根据系统指示就可以轻松操作，实现自助查询。此外，微信将销售和服务有机地结合起来，每天向用户点对点地推送产品促销信息、机场天气情况等。目前，已经有不少旅客通过快捷的微信自助服务得到帮助，其微信公众号的粉丝数量也随之大大增加。

东航自助服务新增微信值机功能，旅客使用微信，添加公众账号“中国东方航空”，根据提示进行操作，足不出户即可轻松办理值机手续，无须到机场柜台排队等候。

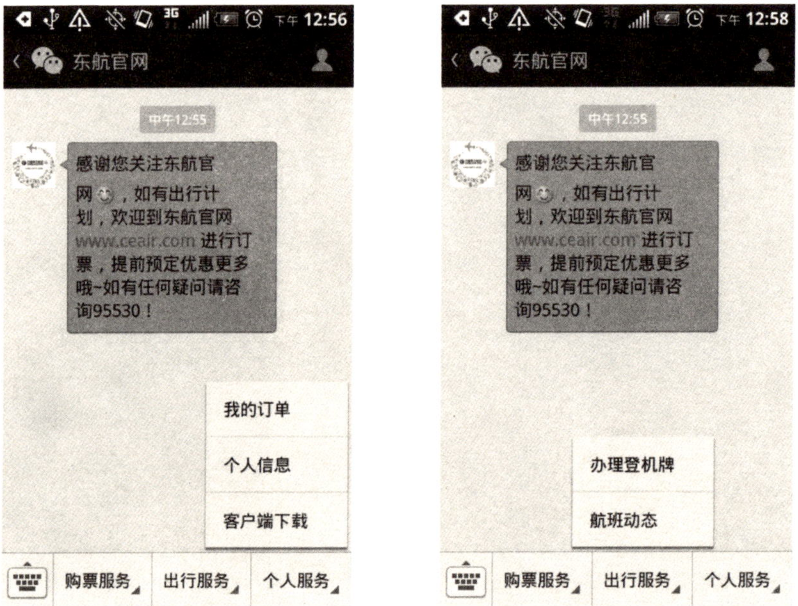

东方航空公司的微信服务

2.3.2 互动多样——微信和微博沟通更便捷

人类往往具有一种非理性的思维习惯，这种思维习惯也往往是不受人主观能动所控制的，人们常常认为自己参与过的，或者他们付出过劳动的东西更具有价值。当人们对一项工作或产品产生了认同感，就会很主动地将这种认同的信息向周围的人传播。

因此，很多企业现在已经意识到互动才是营销的灵魂所在。设计出具有互动性的营销方式，让用户参与其中，将更加有利于企业将产品推销出去。随着微信和微博功能的不断完善，参与式的功能也将会越来越多，形式也将会更加丰富多样。很多大型企业的成功案例告诉我们，成功的互动营销给企业带来的效益是无法用数据进行评估的，互动式的营销模式也将是时代发展的趋势。

【案例直击】泰康人寿的“病毒式营销”

泰康人寿曾利用微信这个平台开展了一次“病毒式营销”，即利用朋友圈推广某种癌症险。具体做法是：市民购买泰康人寿“癌优微”保险，保费 1 元，保额 1 000 元。如果市民购买后通过微信朋友圈发送给好友，每多一个朋友购买，“上线”的保额都将上调 1 000 元。这样计算的话，如果一个用户利用朋友圈推荐了 10 个“下线”购买，“上线”只需交 1 元钱，就可享受 11 000 的保额。并且，这份保额并不是固定的，只要购买者愿意推广，投保人可以发展多至 99 个的“下线”，也就是说，在理赔时最多能获得 10 万元的理赔金。

这一营销方式取得了非常好的营销效果，购买者不断借助朋友圈来发展“下线”，形成了良好的营销循环，既达到了卖产品的效果，又提升了泰康人寿的品牌知名度。既然微博与微信公众平台能够开展“病毒式营销”，要想达到这样的营销效果，企业又该如何去做呢？

首先，要有明确的目的。企业要明确开展“病毒式营销”要达到的目的，比如是为了提升品牌知名度还是为了增加销量，这是开展病毒式营销的前提。

其次，要明确传播对象。企业在开展病毒式营销之前，要明白需要影响的是哪部分人、哪部分人是有价值的。

最后，要创造营销热点和爆点。病毒式营销要想产生效果，就要有明确的热点、爆点。

泰康人寿的微信营销

【案例直击】微信抢红包：一夜激增数百万新用户

2014 年 1 月 25 日晚，微信新版 5.2 上线，一个有趣的公共号——“新年红包”开始疯狂地在微信群、朋友圈中传播开来。依靠这种“病毒式营销”的方式，腾讯不但推广了自己的产品，还大大提升了品牌知名度。

“新年红包”依靠的是“财付通”，这就为钱款的流通提供了便利。同时，“新年红包”的操作非常简单，只需三个步骤：填写红包信息——微信支付成功——发送给好友/微信群。红包的金额是没有上限的，人数也没有限制，但发送给指定好友的红包面值最小为 1 元。接到红包的一方在打开红包后，钱款将自动进入其微信支付账户，并可以在最短的时间内再转入与其微信关联的银行卡。

这种“病毒式营销”取得了超乎寻常的营销效果，“微信红包”火了。在微信红包面前，好朋友的一句“给你发红包了，关联一下银行卡，收下吧”，比任何广告都更有效。“微信抢红包”的营销目的就是推广微信支付。用户在抢到“红包”后，提现依靠的是开通微信支付，也就是将微信与银行卡绑定，这就促进了用户开通微信支付的功能。因此，腾讯一夜激增数百万移动支付新用户。

财付通微信抢红包

“微信抢红包”活动之所以能够取得如此好的营销效果，就是因为腾讯推出了“钱＋游戏＋社交”的营销模式，这种新奇好玩的活动让用户之间不断传播，达到了一传十、十传百的效果。

2.3.3 权威专业——企业名片的展示平台

随着入驻微信、微博的企业和个人越来越多，微信、微博将逐渐成为个人和企业的门户平台，大家不仅可以在这个平台上进行个性化展示，还能够根据企业所推送的信息进行消费。当一个人日常关注的品牌信息出现在微信或微博上，并推出具有吸引力的活动时，热衷的粉丝难免会心动，配合可以在线购买支付的链接，相信用户很快就会掏出钱包了。

在微信和微博上展示的商品会受到人们的评论和对比，只有真正货真价实的商品才能够在微信和微博上立于不败之地。想必未来的微信和微博将会是企业展现自身的平台，也是消费者浏览、查询商品的一个强有力的工具。

这样的功能如果能够得到大面积的普及，所带来的变革也将是巨大的，也许它将会代替搜索引擎变成新的购物入口。

【案例直击】郭敬明的网上名片

身份认证就是微博主向微博服务商提供可以证明自己真实身份的资料，如公司证明、营业执照、身份证等信息，经微博服务商审核后，在微博上显示已认证标志的过程。社会名人、演艺明星、知名企业、企业高管等都可以通过身份认证来增加自己的微博的可信性和权威性，提高微博传播的影响力。

郭敬明的微博名片

以作家郭敬明的腾讯微博为例：用户得到身份认证后，名字后面会出现一个小钩的图案，如上图中小方框标出的地方。博主经过认证的资料，也会显示在页面右侧。无论对于企业还是个人来说，这都将是个人名片的公众展示。喜欢郭敬明的用户可以通过搜索很方便地找到他，他也可以利用这个平台与粉丝互动，发布各种消息，回答粉丝的问题等。目前，郭敬明的腾讯微博已吸收了 2 500 多万名粉丝。

2.3.4 营销利器——企业宣传的关键所在

1. 个人微信和微博营销趋势

看着在微信和微博上逐渐兴起的淘宝营销，未来个人微信和微博的营销趋势也已经初见端倪了。从已经公布的各种电子商务网站的流量统计来看，通过社会化媒体而来的用户所占的比例直线上升。就目前的数据分析来看，已经没有人再对社会化媒体给电子商务网站所带来的巨大经济利益而产生怀疑。

微信和微博都是亲民的社交平台，淘宝上的小商户在公众平台上进行过更多的尝试，所收获的营销效果也是非常可观的。微信和微博所具有的成本低、易操作、传播好的特征对于中小型网店店主来说是最佳的营销媒介，相信具有如此多优势的营销平台在网店店主的推动下会走向一个又一个高峰。

【案例直击】摇钱树：微信摇出女富翁

28岁的重庆美女文心鸟，是重庆鸟鸟科技有限公司的老板，同时也是一款新开发的App手机游戏“摇钱树”（Money Tree）的创始人。这个2013年12月才上线的App手机游戏，号称打造的是一种新型的端（商家）到端（用户）的广告模式，我们称之为掌心广告。短短几个月，“摇钱树”已实现收入3000多万元人民币，重庆的用户量已达13.7万人，目前还吸引到四家风投找上门来。

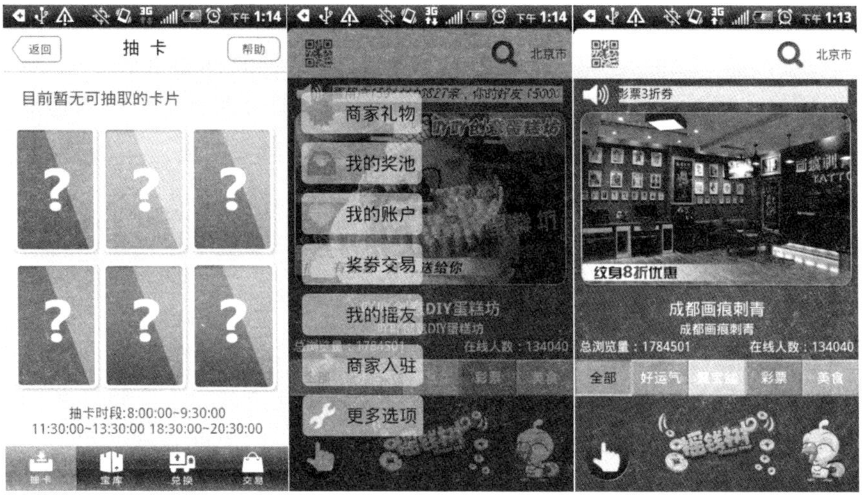

摇钱树的应用界面功能多

用户免费下载“摇钱树”后，只要登录后摇一摇手机，就能随时参与商家的广告摇奖，有机会获得商家提供的各种优惠奖品，还可以和好友进行交换，甚至买卖优惠券和奖品，用手机支付进行交易。比如你想到万达电影院看一场电影，在“摇钱树”里没摇到奖券，但你朋友有一张，你就可以在“摇钱树”里联系朋友，谈好价格后用手机支付完成交易。

此外，“摇钱树”还开发了许多有趣的功能，比如“喜从天降”，随机被后台抽中奖，而你的奖券如果在一定时间内忘了领取，好友还可以像网上偷菜一样把奖券偷走，趣味十足。对商家而言，他们把优惠信息通过奖品的形式放在“摇钱树”客户端，商家只用传统广告1/10的成本，就能把广告信息送达上万倍数量的用户手上。这款应用做到了真正的双赢。

文心鸟表示，“摇钱树”已推出了2.0版本，增加了GPS定位功能，让附近有优惠活动的商家都可以展示在地图上。同时，“摇钱树”也开始在全国布局，正以每年300万元人民币的价格在全国招商，日前已有川、滇、沪等地的11个城市签下了地区广告代理权协议。“仅此一项，我们已入账3 000多万元人民币。”

文心鸟的成功再一次向我们证明，微信蕴藏着巨大商机，也令我们更深信，微信真的可以玩着就能赚钱。

2. 企业微信和微博营销趋势

就目前的情况来看，很多传统企业通过微信和微博平台获得的营销效应并不是很明显，主要原因有以下几点：就是这些企业过分依赖传统的营销模式，对微信和微博的虚拟营销抱有怀疑的态度；企业的规模过大，如果转型的话，牵扯的方面过多，转型速度也很慢；大型企业僵硬的客户关系也不是短时间内可以解决的问题；微信和微博营销也涉及企业内部多个部门的协调沟通……

现在，移动互联网时代已经来临，大企业需要将更多的精力投入到微信和微博营销的工作上，放低姿态，以平等的方式与消费者交流，了解顾客的真实需求是什么，利用品牌已经具有的优势，在微信和微博上做好推广工作，这样既能提升品牌的公信力，还能给企业带来更多实质性的经济收益。

【案例直击】温州网：官方微信的全方位服务

温州网官方微信定位于媒体订阅号，每天下午5点推送一次，为网民提供个性化、差异化的新闻产品。该网主要围绕本地新闻展开趣味解读和编辑点评，先后推出了“水煮新闻串”“网这儿说”“最新闻”“杉杉来侃”“温网小主播”

等栏目。同时，为加强与网民的互动，该网围绕温州城市生活推出了“微竞猜”栏目，还围绕温州本地方言的推广策划了“温州话密密讲”栏目。每天，网友们在收到温州网官方微信的推送内容后，都会积极与官微进行互动，把答案发送上来。为了打造整体微信简销架构，温州网还推出微信矩阵，利用频道资源，策划推出温州育儿网、温州政务网、温州网旅游频道、温州财经网金字塔俱乐部、温州健康网、温州手机报、温州网络电视、温网爱心屋等专业微信账号，努力为网民和企业提供全方位的服务。

3. 为微信和微博而生的营销公司

微信和微博的风靡让很多人看到了这其中潜在的商机。2010 年，推特这种社交平台在美国兴起的时候，很多创业者就立即行动了起来，科吉烧烤就是一家完全基于社交平台进行营销推广而获得成功的商家。

这样的成功对于中国的创业者来说也是完全可以复制。随着国内微信和微博注册人数的不断增加，这里面所能开发出来的财富就会越多。

【案例直击】微狐网，为微信而生的企业

专业的微信营销团队

微狐网就是在微信风靡全国的大形势下成长起来的企业，是一家专门为中小企业提供微信运营方案的企业。企业可以在微狐V空间轻松完成自己的微信应用开发和运营，可以不再需要花费巨资另行开发微信管理程序、微官网或微商城，也不再需要单独的域名、服务器等，能够为企业节省大笔开发资金和存储、管理资金，也能够节省大量人力和物力。

2.4 多挖掘，小功能创造出大财富

微信和微博中丰富多样的功能使它们比传统的短信、电话更加灵活和智能。这些功能也蕴含着大量的商机，下面我们就以微信为例进行分析，以便大家能够准确把握住微信和微博等工具所具有的功能特性，把握住里面所蕴藏的商机。

2.4.1 查找附近的人，营销就是要精准直击

微信“查找附近的人”这一功能是基于地理位置服务（LBS）的社交功能，LBS能够通过移动终端和移动网络确定用户的地理位置，并能在确定使用者位置的同时，向用户推荐该地理位置附近能够提供的各种服务，例如，周边搜索、位置签到、位置游戏和信息推送等。不管是哪种方式，用户都能通过交流的方式看到其他人的签名档，这对投放广告是非常有好处的。同时，信息推送的方式也为投放广告提供了便利。

也许有人会怀疑，仅仅靠一个人用“查找附近的人”投放广告，它的作用是不是很有限？但是试想一下，如果企业雇用一批人24小时运行微信，然后把人流最密集的地方当作“查找附近的人”的地点，这样投放广告就会让很多人知晓产品信息，广告效果一定会强过部分地区的户外广告效果。

利用“查找附近的人”来投放广告，要想起到良好的效果，就要遵循以下五个步骤。

第一步，设置微信头像与个性签名。微信头像也是广而告之的方式，好的微信头像有利于营销，微信的头像可以使用企业的Logo，这样对可信度的提高是很有帮助的。个性签名是投放广告的最佳位置，这里写的文字可以是公司的店庆活动、节日活动的优惠活动等。

第二步，启动“找朋友”功能，利用这个功能搜索到预定受众群体，编辑好要发送的信息，此时的信息内容要体现重点。

第三步，与微信网友建立通话后，及时回复网友的提问，在回复网友提问的同时可以附带公司的地址和电话，以达到广告的目的。

第四步，每隔20分钟重新搜索一次，尽量用语音功能回复顾客。

第五步，发送信息后要做好记录，要记住已经向哪些人发送了信息，千万不能将一条广告重复发给一个人，否则会有骚扰客户的嫌疑。

【案例直击】饿的神：“查找附近的人”宣传助销

越来越多的快餐店依靠LBS进行营销，“饿的神”是比较有名的一家快餐店，也是利用这种方式进行营销的典范。“饿的神”的具体做法是在午间的时候利用微信的“查找附近的人”功能来向附近的人打招呼，以宣扬自己的快餐理念，并且把自己的快餐推荐给大家。附近的人看到这些消息之后，就可以到餐馆里就餐，或者是利用语音服务的形式来订餐，足不出户就能享受健康美食。

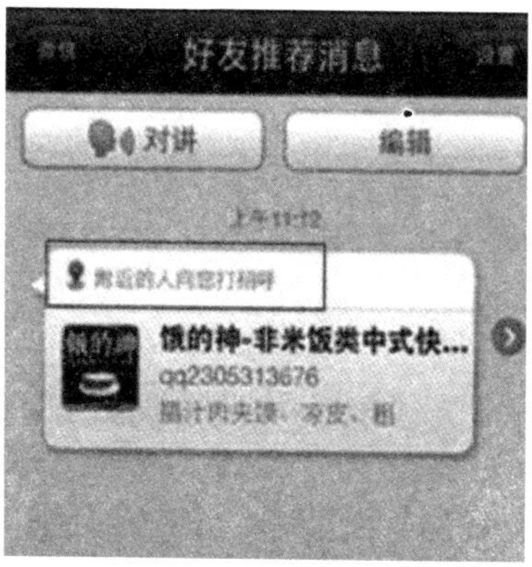

“饿的神”微信营销

这种便捷的服务是以前没有的，就像有的网友所说的那样："微信太酷了，我正饥肠辘辘，拿不定主意吃什么好呢，就收到了来自附近快餐店的殷勤招呼，我吼上一嗓子就有人送餐上门了，太棒了！"对于"饿的神"来说，这种营销方式不再是简单的产品推销，而且是对企业理念和企业经营特色的深入宣传和推广，这对"饿的神"的推广和发展起到了非常重要的作用。

"饿的神"在利用微信进行营销的时候，运用了"查看附近的人"来寻找自己需要的用户人群，并且结合"打招呼"的功能进行融合营销。正是因为运用这种方式，"饿的神"找到了较大数量的用户，并最终完美地对企业进行了宣传。

【案例直击】绿源电动车：精准的消息推送

绿源电动车为了更好地开展营销，也开始利用微信这个平台。绿源电动车希望通过这样一个平台向用户传递相关政策、产品信息和市场行情等。绿源电动车微信公众账号在进行营销的时候也是利用 LBS 服务，精准地找到了自己的目标用户，同时向这些目标用户发送文字、图片和语音等消息，依靠消息推送的方式来让目标用户知道企业、了解企业、接受企业。

绿源电动车微信营销

绿源在利用LBS精准寻找到目标用户后，以用互动的方式与客户产生紧密的联系，创造更好的用户黏性。依靠这种方式，绿源利用微信平台拉近了与消费者之间的距离，最终达到了营销的目的。

【案例直击】KS便利店：以签名栏做新店推广

目前互联网广告的展现形式以泛媒介推广为主，该模式广告费用高，且有效到达率偏低。相比之下，基于LBS应用的位置定位模式，可以使广告推送做到相对精准，且成本更低。通过地理位置定位，用户可以方便地查询附近的餐饮、购物、休闲娱乐等商户信息，同时还能下载商家提供的电子优惠券、查看消费者点评、购买团购券，以及通过手机签到获取商家优惠等。

KS便利店在新店开张时，会利用微信“附近的人”和“打招呼”这两个功能，成功把开业酬宾信息推送给附近的潜在用户。比如某次KS便利店利用微信签名栏营销对新店进行推广，活动相当成功。

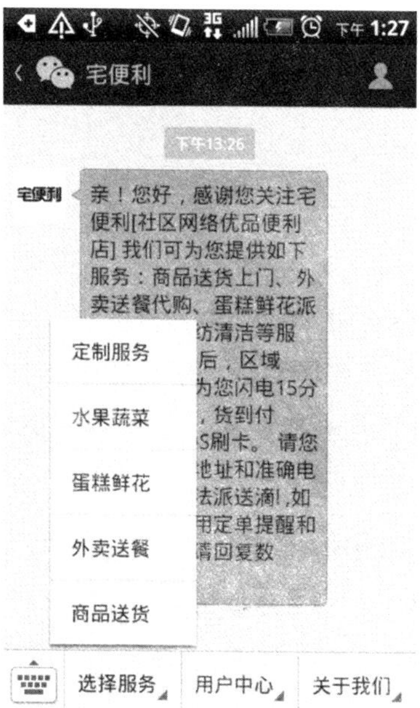

KS便利店的推广信息

2.4.2 漂流瓶，交易在扔捡之间达成

漂流瓶起源于中世纪，是人们穿越广阔大海进行交流的有限手段之一。随着互联网的发展，各种网络版的漂流瓶也日渐增多，如百度漂流瓶、QQ 邮箱漂流瓶等，最近新面世的微信漂流瓶以后来者居上的姿态赢得了广大用户的信赖。微信漂流瓶主要有两个功能：第一个是“扔一个”，在这个功能里，用户可以选择发布语音或者文字，然后将其投入“大海”中，如果有其他用户“捞”到，双方就可以展开对话；第二个是“捡一个”，这就是所谓的在大海中“捞”瓶子，“捞”到瓶子后就可以和对方展开对话。

一般来说，微信漂流瓶被发出后，由网络自动分配，不定收件人，也就是说发件人与收件人之间是完全陌生的，这样就更容易把信息发给用户，并能够减少销售广告的成本。由于漂流瓶是随机的，很多人在收到漂流瓶后会觉得很有缘分，所以，只要发件人的广告具有吸引力，就一定能让打开瓶子的人去浏览自己的网站。

用漂流瓶进行企业广告推广是有很多好处的：第一，因为是陌生的，所以收件人最多是不看，不会将你屏蔽和投诉；第二，内容是随意的，也没有审核，所以营销广告的内容是可以任意组织；第三，漂流瓶是多数微信用户都会使用的功能，有很高的用户质量，并且各行各业的人都有，这无疑对企业营销推广能够起到很大的推动作用。一个微信号一天可以发 6 次，加上捞到瓶子后再发出去，最多可以达到 9 次，如果是一个人发漂流瓶，那么营销效果是有限的，但如果一个企业注册数目可观的账号专门用来进行漂流瓶推广，那么能够起到的营销效果是非常大的。

在运用漂流瓶进行营销的时候一定要注意技巧，如此才能达到事半功倍的营销效果。

第一个技巧是要制造热点话题。要把宣传的广告与热点话题更好地结合在一起，这样才能提高收件人阅读的兴趣，如此，就能提升瓶子被传递的机会。

第二个技巧是要用尽可能少的文字来吸引阅读者的兴趣。这属于广告软文

的范畴，广告软文写得好不好，直接影响到阅读者的兴趣，所以要写优美的广告软文。

第三个技巧是发笑话和趣闻。没有人能够抵挡得了笑话与趣闻的诱惑，在投漂流瓶的时候，把这些有趣的笑话和趣闻与企业要推广的信息结合在一起，就能减少收件人对广告的反感，从而达到营销的目的。

第四个技巧是情感笼络。漂流瓶里最多的内容是感情的倾诉与宣泄，很多人扔漂流瓶是为了寻找倾诉的对象，然后从中寻找安慰，此时就要做好漂流瓶的回复，给他们以安慰，然后引导对方浏览自己的营销内容。

【案例直击】招商银行：漂流瓶营销提升知名度

微信漂流瓶的强大功能让很多商家看到其中隐藏的商机，很多商家都开始通过“扔瓶子”来做活动推广，招商银行就是其中一家。

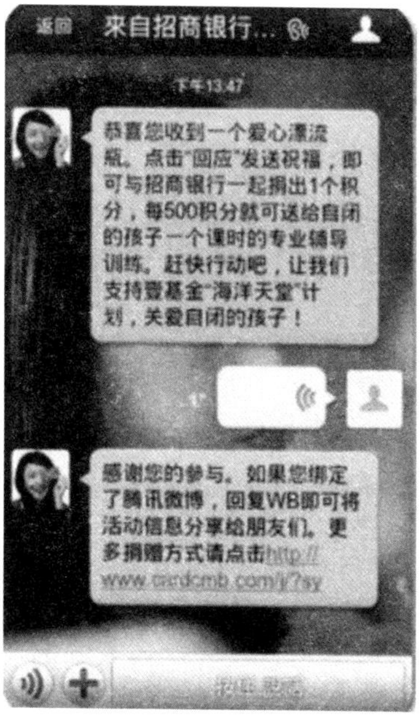

招商银行的“爱心漂流瓶”

招商银行曾发起了一个微信“爱心漂流瓶”的活动。这个活动的具体流程是：微信用户捡到招商银行的漂流瓶后进行回复，招商银行便会通过“小积分，微慈善”平台为自闭症儿童提供帮助。有人难免要问，那么多人都在玩漂流瓶，捡到招商银行的瓶子岂不是有如大海捞针？但是事实并不是如此，据统计，用户每捡 10 次基本上有一次会捡到招行的爱心漂流瓶。这种推广方式不仅能够提升招商银行的知名度，还能打造招商银行慈善、有爱心的形象。

招商银行是最早在微信上发力的银行之一，他们不但推出了信用卡微信客服，还再度升级微信平台，推出全新概念的首家“微信银行”。

【案例直击】奇瑞汽车：漂流瓶抽奖营销见奇效

看到微信营销的良好效果，汽车行业也参与其中。奇瑞汽车开通了官方微信，在微信上放置奇瑞汽车的型号、价格、图片和视频等。为了能够吸引用户关注，奇瑞汽车采用了多种营销方式。

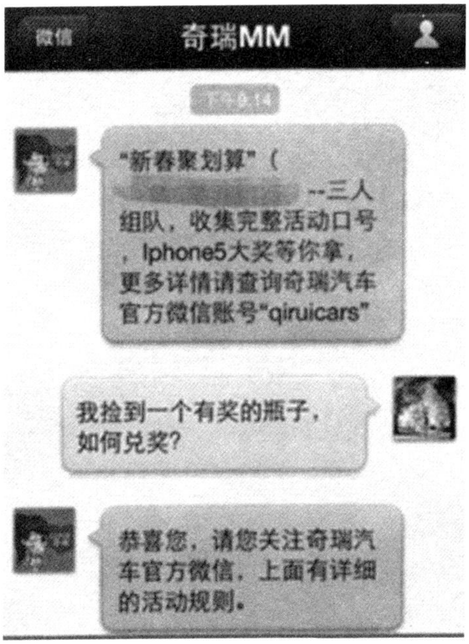

奇瑞漂流瓶抽奖活动

奇瑞为了激起用户的购买欲望，采用了抽奖的方式，奖品通常是iPhone5，或者其他的奖品。奇瑞曾推出主题为“感恩四百万，新春聚划算”的活动，活动主要运用的平台就是漂流瓶。奇瑞官方规定，要是在活动期间捡到了奇瑞漂流瓶，并且回复和成为奇瑞官方微信号的用户，就有机会得到30元手机充值卡。而要想获得iPhone5，就必须捡到“奇瑞+感恩四百万+新春聚划算”的口号，然后把这三个词截图，再与奇瑞微信官方联系后才能拿到手机奖品。

奇瑞汽车这种微信漂流瓶抽奖营销的方式起到了很好的效果，不但宣传了企业的理念，同时也促进了产品的销售。

【案例直击】华科校内：学生们的漂流瓶热潮

华中科技大学几名学子开发了华科版微信校内漂流瓶。据了解，此微信一经推出，便在该校学生中引发了极大的反响。推出三天时间，微信后台的回复量就达到四万多条，许多学生爱不释手。用户只要回复“漂流瓶”，就可进入漂流瓶模式，粉丝可以“丢瓶子”——写下自己想说的话，其他粉丝将随机收到；也可以“收瓶子”——随机收到别人丢的瓶子，并可进行回复。值得一提的是，该功能可以说是微信漂流瓶的华科微缩版，且更具有针对性，方便校内同学交友和交流。

2.4.3 轻松摇一摇，增加曝光率

大家现在对“摇一摇”这个词语已经不再陌生，提到这个词，大家最容易想到的是微信摇一摇功能，但是摇一摇并非微信独有，基于手机自身的重力感应，一些拼图软件、安全软件等也拥有摇一摇功能。在2012年5月，新浪微博Android客户端V3.0.0夏日版对外公测，在这一版本上也增加了摇一摇的功能。

不管是微博上的摇一摇，还是微信上的摇一摇，都能起到很好的营销效果，因为通过摇一摇可以增加曝光率。摇一摇有很大的随机性，这无疑能提高广告的曝光率，就拿微信摇一摇功能来说，如果商家利用微信账号不停地摇，那么，在同一时刻摇手机的人就能看到商家，同时，商家要宣传的广告信息也能同时被发送出去。正是因为摇一摇功能有如此强的宣传效果，所以很多企业选择用摇一摇的方式来做营销，并且起到了非常好的效果。

【案例直击】YOUSOKU：借新浪微博摇一摇出奇制胜

新浪微博于2012年5月在Android客户端上增加了摇一摇的功能，这种功能对一部分人来说，仅仅是一种好玩的交友方式，但是一些企业却从中看到了营销的契机。大杨创世旗下专为都市白领设计时尚正装的品牌YOUSOKU，就用新浪微博摇一摇的功能做到了出奇制胜。

YOUSOKU利用“缘分”“中奖运气”“心有灵犀”的消费者心理，创造了上万人同时摇手机的“微博摇西装，爽了吧!”活动。这次活动总共有五天的时间，在每天的不同时间段，企业微博和网友开始同时摇手机，如果网友能够被YOUSOKU的官方微博摇到，那么排在第一位的网友就能任选西装一套，其他被摇到的网友也可以拿到其他奖品，奖品分别是这个品牌的领带、领结、胸巾、胸针等。如果连续五天都被YOUSOKU摇到，同样也可以获得西装一套。

每天公布获奖名单的时间是摇手机活动结束15分钟后。这种通过摇手机来进行企业宣传的方式吸引了很多网友参与其中，惊喜与刺激让网友不断关注活动，并且积极传播互动。

YOUSOKU“微博摇西装”营销活动

一位营销专家称：“微博上有些活动形式太过陈旧，各类企业都在寻找新的形式。此活动充分利用了人们用手机玩微博的习惯，把网友与企业微博进行关联，是个值得借鉴的案例。”这次活动总共吸引了近百万网友的关注和参与，完全达到了增加曝光率的效果，甚至可以说是起到了出奇制胜的效果。

【案例直击】阆中古城：微信摇一摇传播旅游品牌

微信摇一摇功能能够提高企业或者产品的曝光率，所以很多企业开始用微信摇一摇进行营销，并且达到了很好的营销效果，阆中古城推广旅游品牌就运用了这一功能。

2014年1月20日，10名阆中古城居民正式成为阆中古城微信营销员，他们只有一个工作任务，那就是用微信摇一摇功能来推销阆中古城的旅游产业。

阆中古城利用微信营销其实在2013年年底就开始进行了，该市组织涉旅企业营销负责人、景区管理人员和导游等相关人员，召开了微信营销会议，目的就是推广微信营销模式。仅仅用了一个多月的时间，该市导游、酒店与旅行社营销人员、微信营销员就建立了200余个微信营销账号，通过摇一摇等方式来向游客推荐阆中的景点、线路以及酒店查询等服务，同时依靠这些方式把阆中的旅游品牌推广出去。

阆中古城之所以选择用微信摇一摇来传播旅游品牌，就是因为知道摇一摇功能能够提升企业或者产品的曝光率，曝光率上去了，品牌自然能够得到推广，这也是微信摇一摇功能能够得到企业营销人员青睐的原因。

阆中古城旅游指南

【案例直击】钻石小鸟：微信摇出裸钻臻品

2013年2月14日情人节当天，国内知名珠宝品牌钻石小鸟发起了微信“摇一摇”活动，用户只需在指定城市，指定地点和时间打开微信“摇一摇”并摇动手机，便有机会获赠钻石小鸟北极光钻石及其他精美礼品。为此，钻石小鸟特别设置开通了“钻石小鸟北极光”这一官方微信号，用户只要在活动现场通过微信摇动手机，关注这一官方微信号并成功打招呼，便可获得赢取礼品的资格。此次活动的赠品“北极光钻石”，是2012年4月钻石小鸟为纪念品牌成立10周年推出的纪念典藏裸钻臻品，因其采用圆钻中顶级切割工艺，火彩绚丽如极光般迷人，而得名“北极光”。

钻石小鸟的微信营销活动

2.4.4 微信消息推送，互动中提高企业影响力

微信营销的一大利器就是消息推送，消息推送是建立在拥有公众账号的基础上的，公众账号可以经过后台的用户分组和地域操控，完成精准的消息推送。一般的公众账号，可以群发文字、图片和语音。如果是经过认证的账号，能够推送的内容会更多，不仅能推送单条图文信息，还能推送专题信息。如此强大的信息推送能力，让企业能够更得心应手地与用户进行沟通，在互动中提高企业的影响力。

为什么微信消息推送有这么大的影响力呢？主要是因为微信具有一对一沟通和语音、视频通信的功能，所以非常适合于用户服务。事实证明，信息推送对营销确实有巨大的推动作用，甚至可以说微信营销是“疯狂”的，下面两组数据可以很好地说明问题：第一组数据是25分钟内可向指定地点周围的1 000个人推送微信广告；第二组数据是每向一万人推送一次广告，推广公司可收取4 000元的费用。这两组数字说明微信依靠巨大的信息推送能力，成为绝佳的营销工具。

虽然微信消息推送能够有效提高企业的影响力，但是这种营销方式目前还存在一些问题。业内人士认为，微信公众平台目前最大的问题是信息泛滥。微信公众账号每天能够推送给用户的信息是有数量限制的，而一些公众账号的运营者认为每天不推送规定数量的信息就“吃亏”了，但是事实是很多盲目推送的信息并不是用户需要的，这样就会引起用户的反感，对营销起到相反的作用。

除了信息推送不重质量只重数量外，还有一些做法是企业在信息推送的时候需要加以避免的。

第一个是推送过多广告信息，营销味道太浓。营销味道太浓会让用户感觉到企业就是在做广告，这样定然会引起用户的反感。

第二个是滥用自动回复，做不到人性化。很多公众账号运营者为了省事，利用微信公众平台的关键词回复功能回复所有的问题。这样做虽然很简便，但是不够人性化，没有人喜欢长期和机器人交流。

第三个是推送信息内容太长。内容太长并且没有足够的阅读价值，会让用户阅读起来很烦躁。因为用户的碎片化时间有限，没有人愿意把大量的时间浪费在无关紧要的问题上，所以，推送内容要尽可能简短，让用户的阅读时间能够控制在五分钟内最好。

企业在微信推送消息的时候还要遵循一定的原则，具体有以下四个。

第一个原则是不能发与微信号主题无关的垃圾广告。也就是说发送的信息必须是专业的，比如你是做房地产的，就不能在推送信息时夹带与房地产不相关的服装、化妆品等广告。

第二个原则是不能发暴力、色情、触及政治等敏感话题的信息。公众号所发出的信息是完全可以被监控，一旦发了这些方面的内容，群发功能就会被立即关闭，最终会被封号。

第三个原则是不要发送虚假的信息。不能推送假冒伪劣产品的广告信息，同时，要保证所发信息的真实性。否则就会招致用户的投诉，最终导致是微信官方把公众账号的群发功能关闭。

第四个原则是要把握好最佳的推送时间，不要影响用户的正常工作和生活。一般来说，下午到晚上这段时间最适合培养潜在用户，且最好的时间段为下午5：20至6：30，因为这段时间用户时间空余，可以静下心来阅读信息。要推送产品和做活动促销则要在白天，因为在这个时间顾客可以在线购买产品和对产品进行咨询。

【案例直击】大悦城：企业互动的优质平台

2013年3月上旬，朝阳大悦城获得腾讯移动互联网微生活营销领航奖。作为北京唯一上榜的购物中心，朝阳大悦城自2012年7月与微信微生活携手，共同开创移动会员体系。10个月后，朝阳大悦城微信账号的粉丝达到15万，这15万会员中，有一部分是通过朝阳大悦城线下扫描加入，而另外的则是来自微信朋友圈分享、推荐以及其他线上形式。

2012年7月1日，北京朝阳大悦城举行了开通微生活会员卡有奖活动。当时，朝阳大悦城的星巴克、西堤牛排、将太无二、蜜桃餐厅等知名餐饮商家以及Levi's、玛花纤体、贝黎诗等近30家朝阳大悦城品牌商户成为商城微生活会员卡首批支持商家。之后，朝阳大悦城举办了多场大型活动，如“哆啦A梦诞生前100年特展”“开往春天的地下铁——几米异想之旅”以及“百店新开，时尚升级”等。针对以上相关活动，朝阳大悦城都将微信账号作为首选互动平台对外发布包括图片、语音、文字在内的丰富信息。关注朝阳大悦城微信的用户，总是在第一时间获悉朝阳大悦城的动态信息，进而通过线上或线下的方式与商场互动或来商场消费，这都得益于朝阳大悦城微信账号所具备的完善功能。

2.4.5 一对一服务，快速赢得用户的信任

“微”营销要想快速赢得用户的信任，依靠的是什么？答案是服务。

对于一个企业而言，他们所销售的同一件产品是无差别的。例如，某企业推出一款手机，无论是售出一部还是数百上千部，这件手机产品是没有差别的。然而，我们所面对的用户却是形形色色、千差万别的。同一款手机，有些人买

来是为了上网娱乐，有些人是为了商务办公，有些人是为了听音乐或玩游戏……不同的消费者对于同一件产品也有不同的需求与偏好。那么，企业要想让同一件产品满足不同的人的需求就要依靠服务，因为出色的服务能够让企业以最快的速度赢得用户的信任。

服务的概念十分广泛，它包括具有无形特征却可给人带来某种利益或满足感的可供有偿转让的一种或一系列活动。服务具有不可感知性、不可存储性以及品质的差异性。可以说，在产品高度同质化的今天，“服务创造价值”的时代已经来临。我们在销售产品的过程中，销售的不一定是产品本身，而可能是你能否为用户提供他所需要的服务。那么，“微”营销时代，企业应该用什么样的服务方式来快速赢得用户的信任呢？答案是一对一服务。

一对一服务是最能增加用户黏性的服务。微信附带的语音对话功能可以极大地拉近用户和企业的距离。企业通过一对一服务（可采用文字、语音、图片等多种形式），不仅可以增加用户对企业的好感，还能快速掌握用户的信息反馈，及时解决问题，久而久之便增加了企业员工的工作效率。同时，这种一对一服务的模式在口碑宣传推广上也很有优势，一些忠实用户在感受到企业的用心和责任心后，必定会向朋友推荐。

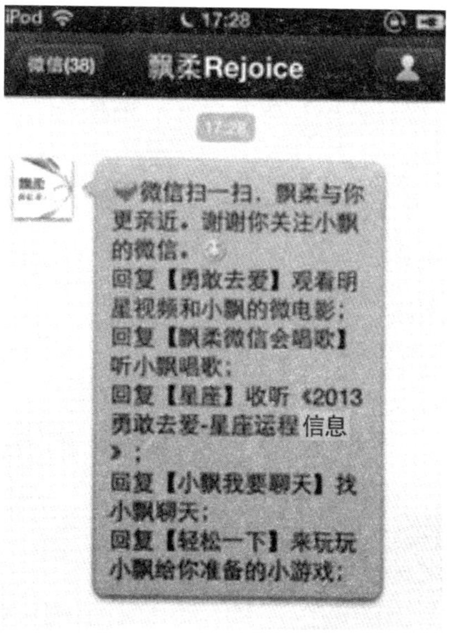

飘柔微信“小飘”一对一服务

【案例直击】飘柔：“小飘”陪你闲聊

著名洗发水品牌飘柔就是提供微信一对一服务的践行者之一。飘柔在微信上的账号名称是“飘柔 Rejoice”，用户只要把这个账号加为好友就可以和它进行实时聊天了。和“飘柔 Rejoice”聊天后你会发现，它自称“小飘”，不仅会回答你的提问，甚至还会在你无聊时提供点唱服务。唱完之后，粉丝还能对“小飘”的唱功进行评价。除此之外，“小飘”还能提供星座运程等方面的信息，这种多形式、趣味性强的互动，使得飘柔短期内就吸引了大量粉丝关注。

很多粉丝将“小飘”当作一个能让自己开心的朋友，经常和它聊天。飘柔成功利用“小飘”的一对一服务打响了名气，并积累了一批忠实粉丝，更塑造了飘柔对用户贴心的良好品牌形象。

虽然很多企业都发现了一对一服务的巨大影响力和粉丝效应并也在这方面有所行动，但取得成功的却不多。除了硬件、人力方面的问题，更重要的是大部分企业没有自己的核心思路，由于缺乏主题，它们的一对一服务的回复杂乱而无价值。因此，企业在打算提供微信一对一服务时，应当先设定一个有趣或者热度较高的主题，这样既改善了粉丝的聊天体验，也降低了员工的服务难度。

【案例直击】沁春美容：爱雀笼“电子闺密”

2013 年，上海沁春美容有限公司旗下的雀笼女子会所进行了一次成功的微信营销。该会所委托翼阵团队开展一场针对互联网 + 移动互联网平台的品牌影响力推广活动，其中的重头戏就是微信品牌“爱雀笼”。爱雀笼主打的旗号是“电子闺密”，即通过塑造一个无所不知的闺密形象，在一对一的服务中为女性用户提供全方位的生活服务指导，从输入身高计算标准体型，到为减肥的女性提供饮食建议，再到参加聚会时的服饰选择等。

这种实用性极强的一对一服务极大地增加了用户的好感和依赖。很快，“爱雀笼”这个电子闺密就成了一种女性时尚，在收获 50 多万粉丝的同时，也发展了大批用户。

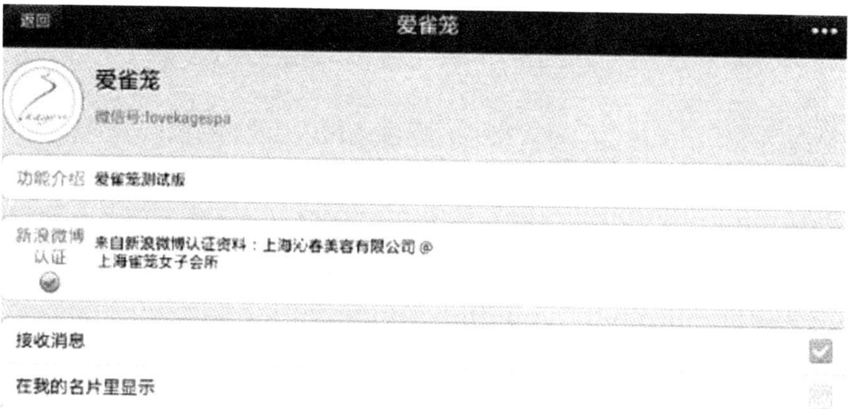

爱雀笼“电子闺密”微信公众账号

一对一服务营销成功的事例告诉我们，服务既要用心，也要有创意。在很多时候，企业都可以采用个性化服务来促进我们的销售，比如通信服务行业可以给顾客定制不同的套餐组合，理财、保险行业可以针对特定用户提供对其有利的业务办理建议，健身会所可以为每一名会员建立独特的健康档案等，这些都是通过差异化的服务来为自己的推销的产品锦上添花。微信一对一服务也是其中一种，每个企业需要根据自身的资源与特点进行探索，在不断的摸索中找到最适合自己的一对一服务模式。

【案例直击】超级星播客：全新的传播体验

2012年7月27日首播的“超级星播客”是国内第一档基于移动终端的手机语音播报节目，让中国体育迷过了一把指尖上的奥运瘾。“超级星播客”使微信用户在奥运期间，每天早上醒来第一时间就能听到昨晚的最新战况，还能全天沉浸在麻辣点评的欢乐气氛中。精彩的奥运赛事，也可以快乐地听。

“超级星播客”节目由英特尔与腾讯共同构思并打造，7月27日正式播出至8月12日奥运结束，特邀专家董路、名嘴孟非全程陪微信用户走完奥运17天，麻辣评述奥运话题，犀利解说奥运热点，第一时间与用户实现端对端的互动。

2.4.6 创建朋友圈，营销是“圈”出来的

最近，微信朋友圈营销日趋火热，很多业内人士表示，朋友圈营销将比其他营销方式更具影响力，也很有可能成为未来营销的一种主流方式。加入一个好的圈子，你可以收获很多，营销可以做得更好，这就是朋友圈能够做到出色营销的重要原因。微信朋友圈营销虽然能够起到良好的效果，但是要取得这种效果是需要满足一定的条件的。

第一个条件是要有一定数量的好友。如果只有几十个微信好友，是没有办法做微信朋友圈营销的，前期至少要有 200 个以上微信好友，并且这些微信好友必须是高质量的，如此做朋友圈营销才能产生一定的效果。

第二个条件是要保持良好的好友印象。要在微信好友中留下良好的印象，这样才能在开展朋友圈营销的时候起到良好的效果。一个人在朋友圈里面的口碑好坏，会直接影响营销效果。大多数的生意都是先从身边的朋友开始，如果没有良好的人品，朋友们是不会买账的，营销就很难有好的效果。

第三个条件是要有丰富的社会资源。朋友圈营销，社会资源扮演着重要的角色。如果能有充足的用户、合作伙伴和一定的社会资源，就能够在做朋友圈营销的时候得到他们的支持，营销就能取得比较的效果。

第四个条件是要有深厚的文案功底。微信朋友圈营销靠的是什么？并不单单是图片，还要有生动的文字。生动的文字可以打动人，好产品再加上生动的文字，才能起到良好的营销效果。

具备了开展微信朋友圈营销的条件，还要遵守一定的规则，这样才能让朋友圈营销起到良好的效果。

首先，一天不能发太多信息，以免让人反感。在 10 分钟内连发多条信息是不明智的，最正确的做法是一小时内不要发送两条以上的微信，并且微信的形式不能相同。

其次，不要只是发广告信息。朋友圈营销不能仅仅宣传自己的产品，而没有其他的内容，应该要把营销信息与其他的内容结合在一起，这样才能吸引朋

友圈里的朋友。

最后，营销内容不能过于空洞。很多人在利用朋友圈进行营销的时候，发的仅仅是产品的图片、尺码、颜色介绍，而没有其他的东西，这种营销内容是枯燥无味的，不能引起朋友圈用户的兴趣。只有每天不停地换花样，以不同的形式来发表营销内容，才能最大限度吸引朋友圈用户。

【案例直击】疯狂猜图：靠朋友圈营销获得胜利

2013 年的五六月份，如果你正在刷微信朋友圈，那么你的朋友圈很可能会被疯狂猜图游戏“攻陷”。疯狂猜图前期成本投入还不到 10 万元，但是在上线之初就日增用户 30 万人，仅仅上线一个月就已经有了超过千万的下载量。这在游戏世界来说，不得不说这是一个奇迹。

疯狂猜图游戏其实很简单，在进入游戏后会出现一张图片，同时还有 24 个待选汉字或字母，用户需要在答案框里输入正确答案。如果猜不出答案，那么用户可以选择两种方式来获得答案：第一种是用金币换取提示，第二种是分享到微信朋友圈向好友求助。第二种方式极大促进了疯狂猜图的传播和推广。朋友圈的朋友看到求助信息后，打开下载成为新用户，新用户再次分享又吸引了另一批新用户，这样源源不断地进行下去，疯狂猜图的用户量实现了井喷式的增长。

“疯狂猜图”微信游戏

疯狂猜图之所以能够井喷式的发展，很大一部分是微信朋友圈的功劳，正是用户在朋友圈里的不断分享，才有了疯狂猜图的营销胜利。

【案例直击】百度魔图：借助朋友圈营销爆发

诸多朋友圈营销的成功案例引起了很多商家对朋友圈的重视，朋友圈营销展现了很好的发展势头，百度魔图也借助朋友圈实现了爆发。

百度魔图的火热源于湖南卫视《快乐大本营》两位主持人开的一次玩笑。当时一位主持人拿到另一位主持人的照片，通过百度魔图，将他的脸“PK”出一张猩猩的脸，并通过微博将照片发出来。有趣的是，这位主持人并没有生气，还机智地说：“有没有顾忌过猩猩的感受?”短短几天时间，两位主持人的这段微博互动带来上千条的评论、转发和称赞，也让百度魔图“PK 大咖”功能瞬间风生水起。

2013 年下半年，百度魔图依靠“PK 大咖”在朋友圈形成病毒式传播，用户使用百度魔图拍出的图片在朋友圈分享后引起了好友浓厚的兴趣，更多的用户开始下载使用。

百度魔图在营销上的成功为它在短时间内积累了很多用户，这种用户的不断增长来源于朋友圈的影响力，可以说是朋友圈帮助百度魔图实现了营销爆发。

2.4.7 扫一扫，直接“扫”来好生意

微信有一项特殊的功能，这项功能就是“扫一扫”。而在新的 5.0 版本中，微信改动最大的也是“扫一扫”功能。在该版本中，“扫一扫”功能由简单的二维码识别，发展到二维码、条码、封面、街景及翻译的全面扫描功能。

（1）扫描二维码。用户在手机上安装微信，其中就有二维码扫描功能，使用手机拍摄并识别媒体、报纸等上面印刷的二维码图片，就能获得与二维码产品相关的各类信息。

（2）扫封面。微信用户只要用扫一扫功能扫描图书、CD 的封面或者电影海报等，就能获得相关的商品信息。就拿图书来说，扫一扫之后可以得知该书的名字、作者、简介、豆瓣书评等信息，连此书的当当和亚马逊等在线购买地

址都能够看到。

（3）扫描街景。把手机摄像头对准附近的建筑，微信就会自动识别出所在地的名称，随之出现的还有这条街的具体位置，以及附近有哪些娱乐、商务、生活设施等。比如扫描的是一家餐厅，那么这家餐厅的特色菜、团购套餐、优惠资讯就能被全部罗列出来。

（4）扫条形码。用手机扫描商品包装上的条形码，能够迅速找到该商品的价格，显示的还有商品链接，商品链接可以用来购买商品。

（5）扫一扫翻译。利用摄像头对准图书中的单词，就会显示单词的意思；用手机扫描需要翻译的文字，翻译结果就会被直接显示出来。

扫一扫的功能如此强大，为营销提供了很大的便利，二维码已经成为众多商家进行产品营销和企业营销的重要方式。对于商家来说，只要用户会“扫”，就能成为他们的潜在用户。扫一扫功能是基于客户信息管理系统（ERP）的营销模式，它不仅解决了传统经销商头痛的人脉难题，甚至还可以为自身发展挖掘新资源。

如今越来越多的商家充分利用微信“扫一扫”功能，建立起微信公众平台，把虚拟世界与现实商机联系在一起，抢抓“微营销”带来的商机。这既是扫一扫功能给商家带来的好处，也是微信营销的一大革命。

优衣库“扫一扫”赢缤纷好礼活动

【案例直击】优衣库："扫一扫"赢缤纷好礼

扫一扫在微信营销中起着非常重要的作用，国际著名休闲服品牌——优衣库就携手微信开展了一次营销活动。优衣库与微信的结合，是优衣库线上营销战略迈出的重要一步。在优衣库微博、官网、淘宝官方网店，以及全国门店的宣传海报、宣传单页、易拉宝、收银台贴纸等宣传物料上，全都布满了该企业的二维码，从如此重大的阵势中，我们可以看出优衣库开展微信营销的重大决心。

用户参与的具体方式是先打开微信，找到添加朋友，然后扫描二维码或搜索"优衣库"，最后添加优衣库到通信录。为了让整个营销取得良好效果，优衣库还为消费者准备了缤彩好礼。用户一旦成为优衣库的微信好友，就有机会获得微信定制耳机、优衣库缤彩折叠购物袋等礼品。消费者通过扫一扫，还可以深入了解了优衣库最新的产品信息和促销信息，这大大宣传了优衣库品牌。

【案例直击】泉州房产：房产营销"扫一扫"时代到来

2012 年 12 月 4 日，腾讯房产泉州站联手泉州海都报头版打出"百万助购"活动广告，这次广告没有任何的优惠信息，上面仅有醒目的八枚二维码，用户只需利用微信"扫一扫"功能扫描报纸上的二维码，就能读取具体楼盘的优惠详情，以及报名参与活动的相关信息。

这种做广告的方式引起了泉州市民的关注与兴趣，他们纷纷通过扫描二维码来了解楼盘的具体信息。仅仅几个小时，腾讯房产泉州站官方微信以及各大楼盘二维码就已经被成百上千个意向用户扫描和关注。

泉州房产二维码“扫一扫”微信营销

这种营销方式无疑是很有成效的，关键在于它调动了用户的兴趣和参与活动的积极性。用户扫描二维码就能获得大量的信息，这些信息有可能是一张报纸无法承载的，所以用户可以通过扫描二维码的方式获得更完整的楼盘数据、项目交流互动、团购活动等信息，这样就能精确地定位目标客户，楼盘营销取得良好的效果则成了必然。

【案例直击】海岸城：微信会员卡模式

二维码是移动互联网的入口。微信“扫一扫”是链接企业官方微信和用户的便捷通路。为了吸引用户扫码，有些企业推出微信会员卡模式，用户只需用手机微信中的“扫一扫”功能扫描商家独有的二维码，就能获得一张存储于微信中的电子会员账号，可享受商家提供的会员折扣和服务。

深圳商场海岸城就曾推出“开启微信会员卡”活动，用户只要轻扫海岸城专属二维码，即可免费获得海岸城手机会员卡，凭此可享受海岸城内多家商户的优惠特权。

2.4.8 自定义菜单，巨大商业潜力完美呈现

2013年3月25日，微信“自定义菜单”升级为正式开放的API，这一功能可以让开发者实现个性化的菜单定制。微信底部的对话栏中提供菜单选项，用户通过单击菜单中的选项，可以看到相应的回复信息，或者是网页链接。“自定义菜单”这种功能的升级为公众账号的信息展示空间提供了更多的可能性。

自定义菜单能够起到进一步强化公共账户功能的作用，微信“自定义菜单”最大的优点是减少了用户的认知门槛，可以将公众账号里的重点信息入口直观暴露给用户。用户只需要点击一下，不需要再通过一系列的命令行交互，这样就能给企业公众号用户带来更好的体验和完全不一样的感受。就拿某地产企业微信公众账号来说，在企业公共账号的下方直接内置了预约、官网、门店的菜单。点击官网，用户可以直接通过微信当中的网页链接来打开企业的主页，点击门店会要求用户发送地理位置，点击预约就能找到预约电话等。

自定义菜单功能让企业能够根据自己的服务内容和用户的需求来设置自定义菜单，让导航变得更加简便易行。同时，企业还可以依靠设置栏目来最大限度地吸引人气，比如，增加多个作家的专栏，这样就可以聚集大批他们的粉丝，每天就能收到成千上万条回复，这对营销来说有非常大的促进作用。

微信自定义菜单作为一个可以自己设置的营销功能，为企业营销拓展了道路，使企业营销可以沿着更宽广、更自由的方向前行。

【案例直击】奈瑞儿：凭借“自定义菜单”赢得用户

借助微信提供的API，开发者将能够实现个性化的菜单定制，这种微信自定义菜单功能为企业营销带来了很大的益处。奈瑞儿就是其中的受益者。

奈瑞儿的全称是广州市奈瑞儿塑身美颜连锁有限公司，是广东省知名的专业提供女性美容、美体服务的大型连锁机构。奈瑞儿拥有自己的微信公众账号，在看到自定义功能菜单的强大营销能力后，开始了微信自定义菜单的试用。

奈瑞儿之前的公共账号只能通过发送消息、发送位置，然后系统返回信息的方式完成营销，但是在试用“自定义菜单”后，奈瑞儿公共账号在下方设置了“预约”“官网”“门店”以及“塑身美颜”的菜单。用户直接点击“预约”就能到达预约电话页面，直接点击“官网”就可以直接打开奈瑞儿的主页，点击“门店”就能根据用户的地理位置向其推荐最近的一家奈瑞儿门店，点击“塑身美颜”就能直接查看奈瑞儿的电子杂志。

奈瑞儿“自定义菜单”

这种方式为奈瑞儿的微信用户提供了便利，他们不用经历复杂的程序就能直接了解企业的各方面信息，并且能够以最简便的方式完成消费。

【案例直击】天虹商场：自定义菜单带来大商业

微信强大的功能已经渗透到生活的各个方面，用户不仅可以用微信来发语音消息、玩朋友圈、玩游戏，还可以用微信的“自定义菜单”来逛街——只要稍微动一下手指，就能向百货商场预约商品、服务，甚至是能够直接购物。用户对微信的这一功能非常感兴趣，提供这种服务的商家也非常受用户的喜欢。天虹商场微信账号就是其中的一个典型。

2013 年，全国知名连锁百货公司天虹商场携手腾讯微信，推出自己的微信公众账号。天虹商场利用“自定义菜单”为用户精心打造了新品到店通知、优惠商品信息等个性化资讯服务。用户根据这个“自定义菜单”可以随时查询自己感兴趣的产品，并且可以直接实现订购，让用户享受无干扰定制服务。

天虹商场依靠这种完善的“自定义菜单”，挖掘出了巨大的商业潜力，更多的用户开始利用这个平台来了解信息、完成购物。

天虹商场利用微信进行营销的成功之处是充分利用了微信“自定义菜单”的功能，这种服务的推出，对喜欢网上逛店的人具有巨大的诱惑力。

【案例直击】骑行西藏：展现“自定义菜单”的API功能

“骑行西藏”公众账号向我们展示了“自定义菜单”API功能，开发者可以实现个性化的菜单定制。以“骑行西藏”公众账号为例，用户关注该账号后．将在对话界面的底部看到“主页”“杂货铺”“出游助手”菜单选项，相应菜单中还有各自的分选项。用户单击相应按钮，可以在对话界面中看到自动回复的相关消息，而这比起原先用户主动发起的交互式对话有了进步，而微信应用也不再是单纯的消息推送与回复。

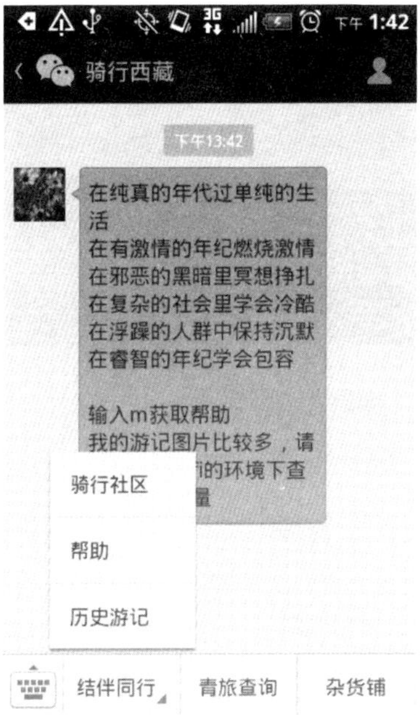

骑行西藏的应用界面

2.4.9 微信支付，让获利更简单

微信自从诞生那天起，就在不断升级和完善。而微信5.0版本最大的改变体现在微信平台支付上。微信已经为部分公共平台账号开通了支付功能，同时腾讯旗下的支付平台财付通也被引入微信公众账号。微信在这方面的不断完善给用户带来的最大好处是，用户可以通过微信公众账号获取产品信息，直接进行购买，并且整个支付过程都可以在微信上面完成。

由于这一功能给用户获得信息、购买商品提供了便利，所以，很多企业都纷纷创建可以微信支付的公众账号，比如麦当劳就是最先开通具有微信支付功能的公众账号的企业之一，用户只需要关注麦当劳的公众账号，通过点击“会员卡特权”的详情页面，就能获取麦当劳的产品信息。同时，用户还可以直接在微信上购买麦当劳的产品，支付的方式可以选择腾讯旗下的财付通或者银行卡直接支付，利用微信支付的用户还能享受优惠。

很多公众平台运营者对微信添加支付功能早就充满了期待，这主要是由于移动互联网的发展使得人们更加崇尚便捷的生活方式，所以更多的人希望能够使用手机支付。微信支付顺应了用户的需求，把便捷的支付方式搬到了微信公众平台上。并且，微信5.0还强化了扫一扫功能，让整个购买支付的过程更为简便。

简便的购买方式，让用户对采用微信支付的企业充满了兴趣。他们纷纷利用这种支付方式来购买商品，企业也依靠这种方式获得了更多的利润。

【案例直击】友宝：微信支付“一元购”

2013年9月13日，友宝联手微信支付惊艳亮相北京，打造“一元购”活动。与以往不同的是，微信用户不用投币，通过微信支付的方式就能购买想要的商品，还可享受特别优惠——微信用户通过友宝，使用微信支付完成交易，即可享受全场饮料一元购的优惠，每个用户有两次“一元购”机会。用户可以通过在公众账号中完成绑定、扫码取货的方式来参与购买活动，还可以通过扫二维码、绑卡完成支付的方式来参与购买。

这种购买方式快捷、方便，并且十分新鲜有趣，所以一经推出，就吸引了很多年轻人的尝试，形成一股移动支付的浪潮。目前，“一元购”的活动已经覆盖了北京地铁站300余台友宝自助售卖机。其实，这样的事情不仅仅发生在北京，在上海、武汉、广州、深圳等地也有支持微信扫码支付的智能售货机，总数量已经达到了12 000多台。

友宝的营销策略非常明显，那就是通过微信支付的形式来为用户提供方便快捷的服务，依靠这种前卫，有趣的营销方式来吸引用户的关注，从而达到销售产品的目的。

【案例直击】印美图：微信支付制作LOMO卡

在移动互联网时代，不仅仅人与物之间的联系更加紧密，物与物之间的联系也更加密切，这都是物联网在起作用。所谓物联网，顾名思义就是使物物相连的互联网。之所以能够这样，是因为不管是人还是物，都能有一个二维码作为ID，通过扫描的方式来完成相连。微信的出现让这种链接更加容易。微信5.0的升级让企业可以通过微信支付完成交易，印美图就是建立在微信支付基础上的硬件产品。

印美图的具体操作方式是：用户用智能手机扫描并关注印美图的微信公众账号，然后把手机里存储的照片发送给这个微信账号，然后输入屏幕上显示的微信验证码。印美图微信公众账号在30秒内可以接收这张照片，并制作出一张宝丽莱风格的LOMO卡。微信与印美图的捆绑，使智能手机立刻变成一个可以即时拍照、即时冲洗的相机。

印美图受用户欢迎的重要原因是把微信支付嫁接在了企业公众账号上，这种建立在微信支付上的新奇、有趣的应用模式，能促进成交的几率。

第3章

企业微信开启无限商机

3.1 认证公众账号，拥有不同凡响的公众效应

微信、微博的出现为普通用户打造一个属于自己的媒体平台提供了可能。大量用户在用微信和微博交流思想、讨论时事、分享心得，这样的高关注度也吸引着媒体、企业及各类机构的目光，可以说，这里是互联网营销的新战场。

3.1.1 增加用户认同感

对于企业来说，无论是微信还是微博，申请一个通过认证的账号都是具有重要意义的。这里所说的认证指的是认证机构对某个产品、某种服务或某个体系做出的评定，只有合乎规范的企业才能够通过认证。对于通过认证的企业，用户才更容易产生信任感，企业也更容易在营销中树立起权威、正面的形象，通过认证的企业和产品往往也能够更容易引起用户的关注。

【案例直击】壹点壹客：潜移默化渗透品牌形象

壹点壹客有着“中国蛋糕业欧式贵族”的美誉，被网友们称为“最好吃的欧式深圳蛋糕”。商家由于没有实体店铺只在网络上销售，因此微信、微博账号不仅是壹点壹客的品牌形象窗口，也是壹点壹客线上推广并及时转化为线下销售的重要工具。

商家首先通过互动对微信、微博用户采取口碑监控，在粉丝心中提升亲密度，将品牌影响力在潜移默化中提升。

壹点壹客对用户提出的任何问题都会快速、耐心、清晰地解答，很好地提升了企业的品牌形象。他们还会针对用户所提出的问题，及时提供官网上相关的链接，高效引导用户进行线下消费。

传统企业要进行市场调查，往往要耗费大量的成本和时间。而壹点壹客利

用微信、微博的平台对用户进行市场调查，不仅能够快速获得消费者的反馈信息，还能够起到产品宣传的目的，可谓一举多得。

壹点壹客的网店营销

3.1.2 公众平台好处多

微信平台在设计公众账号的时候赋予了它更多的功能和“特权”，比如一般用户每天只能推送一条信息，但公共认证账号每天可以推送三条，可以说这是企业公信力的前期积累。在所有的公众账号中，受到认证的账号在搜索中往往排名更加靠前，也更加容易受到大家的关注，这也是平台自我淘洗的过程。受到认证的公众账号还能够防止其他账号冒名顶替，这对保护企业的品牌声誉有着非常重要的作用。

【案例直击】1 号店："我画你猜"推品牌

由于微信公众平台具有很强的营销优势，所以很多企业开始利用微信这个公众平台来策划营销活动，各类电商也很快参与到其中来，1 号店就是其中的典范。

为了提升自身的品牌形象，1 号店就搞了"玩我画你猜，赢惊喜大奖"的微信营销活动。1 号店每天用微信推送一个图画给用户，用户猜中后在微信上回复就可能中奖。这次活动总共有三个步骤：第一步是关注 1 号店官方微信；第二步是接收1 号店每天发送的一幅画作；第三步就是猜出答案并将其发送给1 号店。这种营销方式起到了良好的效果，不但提高了用户关注度，还起到了宣传企业品牌的效果。

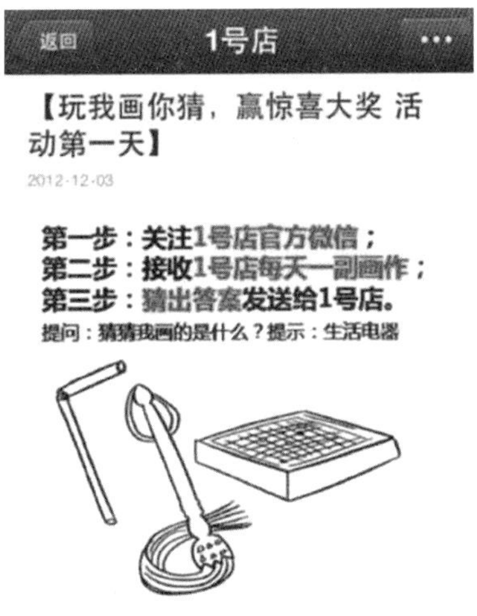

1 号店"我画你猜"微信营销

1 号店利用微信公众平台开展营销并不仅仅体现在上面一例。1 号店还充分利用微信"搜一搜"功能，用户输入自己想要查询的商品名称，1 号店微信公众账号将会自动搜索并推送相关商品，这就大大方便了用户。除此之外，1 号店还充分利用微信扫描二维码来开展营销，这一举动起到了良好的营销效果，1

号店商品信息日均扫描次数接近 25 000 次，每天通过微信“扫一扫”功能登录 1 号店的用户平均达 20 000 人。

3.1.3　平台商业化不容小觑

利用微信、微博所实现的企业和消费者之间的沟通越来越频繁，这是一种全新的沟通方式，也是一个崭新的平台，站在企业的角度上，如果你忽视这种沟通的作用，用户也会忽视你的存在。

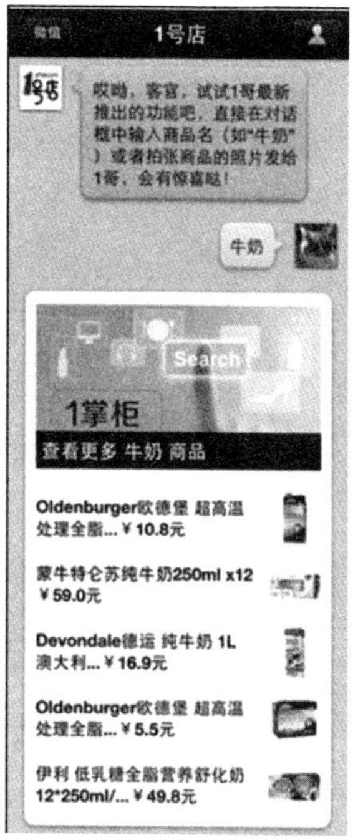

1 号店“搜一搜”微信营销

一对一、一对多等沟通方式的优点在这两种媒介上都可以淋漓尽致地发挥出来，企业一旦建立公众账号，就相当于是将企业的脸孔面向了大众，以专业的思维为脸上“妆”也体现出一个企业的素质。企业在日常运营中应明确制定出微信、微博的营销战略，利用多媒体的功能为用户提供更加丰富、更加具有针对性的内容，这样才能够真正打动用户的心。

【案例直击】“微团购”：更方便、更直接地购物

高朋网利用微信、微博平台推出了“微团购”的活动，用户只要关注了“高明团购”的公众账户，不仅会定期收到团购信息，同时还能使用财付通、支付宝等付费方式，操作起来非常简便。这样的营销方式不仅给高朋网带来了大量的订单，也提高了高朋网的人气，扩大了公众账户的影响力，上线不久粉丝量就已经过万，真正实现了“高朋满座”。

方便的微团购

3.2　高效营销策略，互联网时代营销新思维

微信、微博的出现让每个人都有机会成为一个成功的营销达人，营销不再需要高成本、大投入，营销也不再是大企业的专利，即便是白手起家的个人，也能够通过微信、微博营销成功创业。

现代社会，无论是生活还是工作，人们都在讲求快节奏，很少人愿意或有机会拿出整块的时间去阅读大篇幅的文字、信息。微信、微博所具有的碎片化、无中心、自媒体的特征则非常符合现代人的阅读习惯，这样就吸引了大量活跃度非常高的用户，而人群聚集的地方就一定潜藏着巨大的经济价值。

微信、微博就是一个可以最简单、最快速地建立起自己品牌的平台，企业和个人都能够在这个平台上获得所期望的收益。在当今这个时代，我们对社会化媒体的理解和重视，也就决定着自身社会影响力的大小。微信、微博平台正形成一股强大的力量，它所产生的社会影响力甚至可以直接影响到企业的生死存亡。

以往企业缺乏和用户之间对话的接触点，不能够及时地与用户进行互动、沟通，而微信、微博就是能够高效解决这一问题的强大工具。

3.2.1 掌握时代脉搏——抓准营销时机

大众传媒面世后，迅速形成了大众媒体营销模式，对话变成了宣传，有时候一个人的观点就能促成网状信息交互。很多时候，为增加宣传效果，企业不惜借用多种媒体，对用户进行无间断的信息轰炸。

然而，这样的线性传播并不是真正的企业与消费者的对话。而营销 2.0 再次回归传统，营销的对话方式从只有距离感的宣传回到一对一，或者是小群体间的人际对话。

人际对话最大的特点是亲切，给人亲切感，拉近彼此的距离。淘宝客服喜欢称呼用户为“亲”，简单一字，就给人带来传统营销很难达到的亲密感。

用对话方式参与营销，能让企业更加亲民化，使企业更容易接触到用户情感的交流层面。对用户来说，则可以更方便地找到反馈渠道。此外，基于情感的对话，容易形成口碑传播，以用户之口来提高企业的声誉和知名度，塑造良好的品牌形象。

【案例直击】ONLY 时装：关注度轻松提高

ONLY 是欧洲著名时装公司 BESTSELLER 拥有的四个著名品牌之一，于 1996 年进入中国市场，它的消费者定位是 15 至 35 岁之间的活泼、独立、自信的都市女性。这个群体有一定的经济基础，购买力强，购买频率也很高。同时这个群体的人对新鲜事物有着强烈的追求，对时尚与流行保持着较高的敏锐度，对形式新颖的活动也有着浓厚的兴趣。

ONLY 虽然有很好的销售业绩，但是品牌宣传形式过于单一，于是企业决定用互动营销的方式来进行弥补，具体方式是配合 ONLY “忆战”微电影主题活动，突显 ONLY 品牌与服务理念，提高消费者关注度。这次活动采取实体店

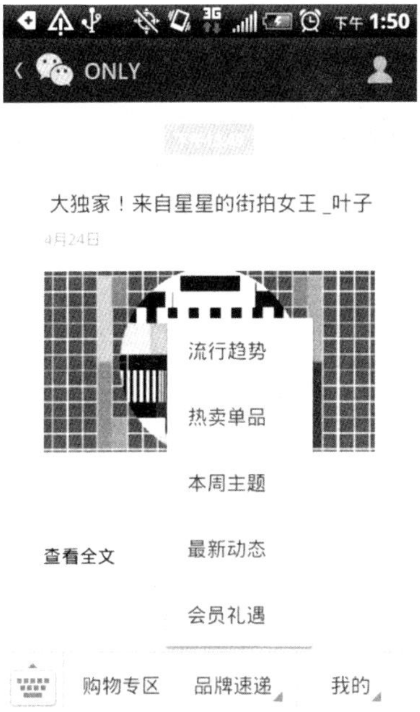

ONLY 的微信应用界面

二维码幕布和主题海报相结合的方式，把 ONLY 品牌的个性化理念融入其中，放置在店铺中最显眼处，通过这种方式来吸引众多消费者的关注。

ONLY 的这次营销活动取得了很好的效果，根据统计数据显示，此次主题活动为期四周，约 2 万人次参与，ONLY 官方微博日均浏览量增幅超过 10%，而线下活动的关注者、参与者数量也有大幅度增长。

本次活动对 ONLY 来说是非常成功的，不但传播了品牌的个性化特征，同时也扩大了线下活动的影响力，对于提升整体品牌竞争力起到了很大的推动作用。这次活动之所以这么成功，很大一部分原因是因为它充分融合了微营销和传统营销渠道。

【案例直击】东航："扶助、爱心"活动

东航为了推广企业品牌，在经营效益、服务质量、品牌建设方面做了大量的工作。2010 年东航提出了“爱在东航”的大型社会公益理念，通过宣传“扶助、爱心”，取得了社会各界的广泛关注和良好的宣传效果。

“东航凌燕”与“东航机务茶社”是东航的乘务和机务部门在网络中开设的半官方的沟通平台，作为东航服务品牌和爱心理念的网络延伸，自开办以来，粉丝数迅速增长，社会公信度也逐步加强。东航还曾组织过一次空中爱心送药行动，

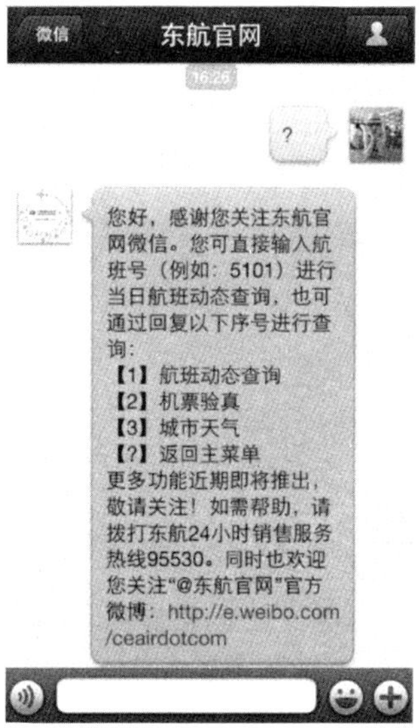

东航的微信页面

用网络连接起空地服务一体化的崭新服务模式，体现出来自东方的精致服务理念，使得企业与用户的交流具有多层次、多角度、话题立体且亲和的特点。长时间的微循环渗透作用，使得用户对品牌理念以及企业精神的理解更加深入，也增加了对企业的认同感。

东航的微博界面

3.2.2 打造企业形象——遵循企业品牌诉求

企业的品牌诉求是企业开展营销时最主要考虑的元素，品牌诉求是由消费者的消费行为衍生出来的，分为理性诉求和感性诉求，企业往往是根据自身行业、经营性质、产品特点来选择诉求方式。实际上，无论企业利用哪一种媒介方式进行宣传，都需要将行业新闻、企业动态、热点事件、公益事件等具体的内容推送出去，并且确保这些内容与企业品牌形象相符合，这就是一个企业的品牌诉求。

与其他的媒介相比，微信、微博的灵活多变，图片、声音、文字等多重信息的应用更加能够满足企业的需求。

【案例直击】COSTA：“慢享咖啡，速阅天下”

2013 年 8 月 1 日，世界知名咖啡品牌 COSTA 咖啡与网易新闻手机客户端联合推出了“慢享咖啡，速阅天下”的互动咖啡调配游戏活动。该活动主推“在手机上调咖啡”的新奇体验，8月1日至8月30日活动期间，只要装有网易新闻手机客户端的用户，都可以在手机上“调制”咖啡，完成从“研磨咖啡豆”到“添加热水”再到“配比原料”的咖啡制作步骤，并依据配比结果获得COSTA咖啡的“买一送一”或“免费升杯”电子优惠码。

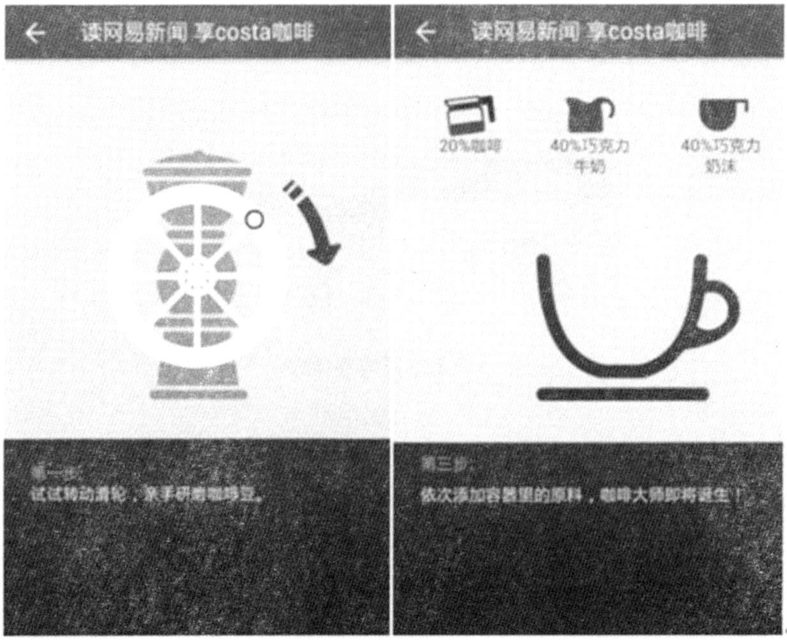

慢享咖啡的营销活动

另外，为了进一步加深用户对优质咖啡的理解和喜爱，该客户端还会在咖啡“制作”过程中弹出一些“咖啡小贴士”，帮助用户了解咖啡文化。

这次的强强合作营销不仅成功使得COSTA咖啡的“咖啡个性化”品牌理念深入人心，并通过优惠码吸引了大量用户去其门店消费，还进一步增加了网易新闻手机客户端的知名度和影响力，达到了双赢的结果。

【案例直击】IT茶馆：推送信息覆盖粉丝130万

在大多数企业依靠发送各类广告信息来推广品牌的时候，IT茶馆就率先推出了过关问答形式的互动活动——“开心茶馆”，这次活动利用的是微信公众平台的自定义回复功能，IT茶馆微信可以通过自定义回复功能与粉丝展开互动。这种互动推送信息的方式能够极大地活跃粉丝，加强品牌在粉丝心中的辨识度。

这次营销活动取得了良好的效果，仅仅一天的时间，就增加了500个粉丝，覆盖粉丝达到130万，互动信息发送超过2 000条，微博信息转发100次。

这次营销之所以能够取得这么好的效果，就是因为IT茶馆依靠微信自定义回复功能实现了与粉丝的一对一聊天。这种在当时极具创意的营销方式，自然能够吸引广大用户参与。

3.2.3 贴心服务——做消费者的知心人

按照以往的营销方式，企业和消费者的沟通都是单向的，但在微信、微博这种交互性很强的平台上来说，这样做是完全不合时宜的。在这里大家的交流是公开而活跃的，可以说用户既是消费者也是信息的传播者。企业只有认真对待每一位用户，并能够站在用户的角度上进行思考，才能够牢牢抓住用户的心，从而提升品牌的公信力和影响力。一个成功的企业一定要具备三种能力——信服力、协作力、创造力，而创造力是企业吸引用户的一大利器，首先要抛弃以往以产品为中心的宣传方式，将重点转移到消费群体上，这样才能推送出符合消费者心意的消息。

【案例直击】星巴克：早间的暖心问候

随着移动互联网时代的到来，星巴克也将自己的体验式营销从线下带到了线上。在美国，星巴克开发了专属的App：Early Bird（晨鸟闹钟）。这是一款颇有新意，同时又处处体现诚意的闹钟类工具。只要用户在闹钟规定的时间起床，并点击起床按钮，然后在一小时内到附近任意一家星巴克咖啡店购买咖啡，就能享受五折优惠。

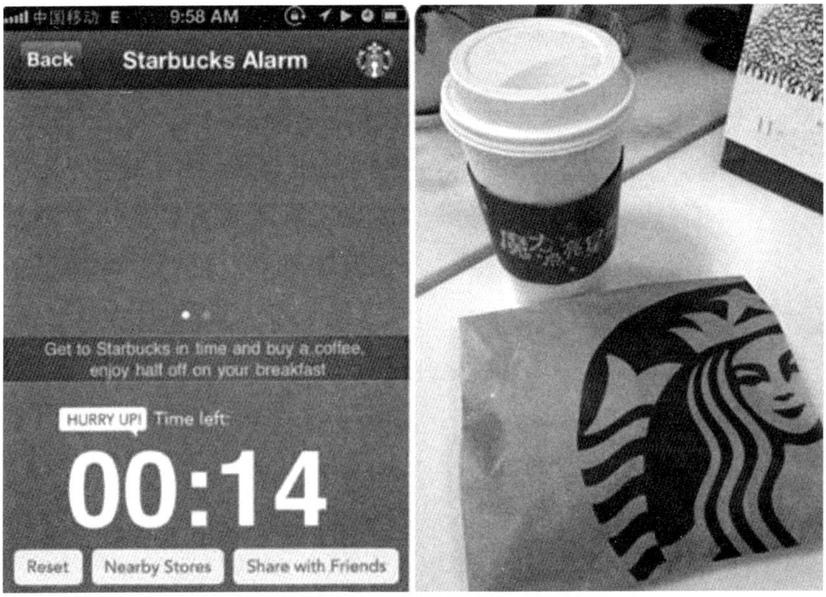

星巴克清晨的问候

Early Bird 成功地将星巴克咖啡和用户的日常生活结合在一起，巧妙地将自己的产品嵌入到用户的生活习惯当中，让用户在购买星巴克咖啡时不是感到自己花了钱，而是感到做成了一件事、完成了一个对自己的承诺。这种营销方式显然比一般的广告植入高明许多。

而在中国，星巴克的营销策略同样令人惊喜。用户登录微信，添加“星巴克中国”为好友，即可与之展开一场内容丰富的互动对话。用户只需发送一个表情符号，星巴克将即时回复你的心情，即刻享有星巴克“自然醒”音乐专辑，获得专门根据用户心情调配的曲目，感受自然醒的超能力，和星巴克一同点燃生活的热情。

星巴克针对目标人群的特点进行了细致入微的分析，同时对微信公共平台功能也进行了充分开发，不仅消除了传统商业经营模式辐射面积小、用户参与度不高、受时间地点等制约的弊端，还突出了轻松时尚、趣味性高、商家与用户互动性强等优势，让用户能尽享商家带来的完善服务。可以说，星巴克将微信的及时性、个性化、互动性的优势充分发挥了出来。

星巴克微信运营界面

【案例直击】中金在线：微信推广树品牌

作为资讯类网站，中金在线也开始利用微信平台开展营销，并且取得了良好的营销效果。

中金在线立志于做全国领先的网络财经媒体和权威的投资者服务平台。公司拥有强大、先进的用户信息数据库和金融信息数据库，还有多达千万的访问量，依靠这几大优势，中金在线确立了在国内财经垂直网站领域的领先地位。

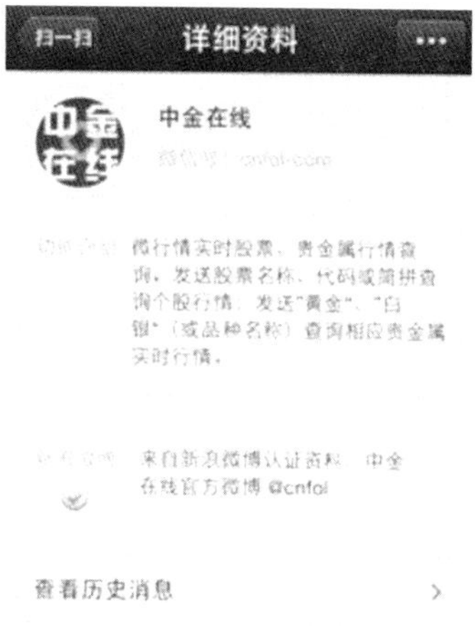

中金在线官方微信

中金在线开通了官方微信账号，在这个公众平台上，用户可以轻松查看财经新闻和大盘指数。用户只要通过微信发送个股名称或代码，就能立即查询股票行情。同时，中金在线公众账号每天都会给用户推送精选财经信息，并为用户提供各类投资服务。

中金在线微信营销成功的原因就在于它能为用户提供翔实的信息，并且查询方便，同时又省流量。所以，这个微信账号一经推出，就受到了用户的热烈欢迎，企业的品牌知名度也因此得到提升。

3.2.4 高品质营销——赋予品牌气质

营销的品质决定了产品的气质。用户在不了解企业产品的时候，产品的营销形象会在用户的心中产生最为直接的营销：营销的品质高，那么产品的品质就高；营销的品质低，那么产品的品质就会相应降低，而且这种先入为主的思想一旦在人们头脑中形成，就很难再有改变。

当人们对一个品牌产生心理依赖时，品牌就会凌驾于价格、性能甚至产品本身这些理性因素之上。我们的广告也不能只是描述我们能给消费者带来什么好处，而是要将广告变成一种品牌身份的标志，以便消费群体能以我们的品牌为中心聚拢过来。

想要建立起用户对品牌的偏爱性，首先，要有一个能影响社交网络的强势、值得信赖的品牌身份，而且要在社交网络中成功找准影响点；其次，要树立品牌责任、提供高质量的产品和服务、营造独特的用户体验，并坚持不断创新营销方式；最后，要进一步为品牌赋予一定的品质，要能与消费社群产生共鸣，并深入消费者的心里去。

【案例直击】康佳：依靠超级微信团活动再次发力

康佳作为国内电视行业的领军企业，也在追赶时代大潮，于2013年9月6日开展了“康佳超级微信团”促销活动。这次促销活动为康佳吸引来了大量客户，康佳也依靠这次活动再次发力。

在这次促销活动中，康佳采用的是创新的“微信促销”方式，在这次促销活动中，康佳共为用户提供了三大实惠：第一大实惠是凡关注康佳微信公众号的用户都能得到300元微信团电子优惠券，同时能够享受42寸3D电视2 888元的优惠价，全国限量3万台；第二大实惠是康佳微信会员只要回复UD，在购买康佳50寸至84寸的任何超高清UD产品时都能享受1 000元的优惠；第三大实惠是微信里回复39UD，就能在购买39寸UD时享受3 999元的特权价。康佳举办的这次微信活动吸引了大量的消费者的参与，不但留住了老客户，还吸引了一大批新用户，康佳也凭借这次活动再次发力，取得了良好的营销业绩。

【案例直击】慕思：以调查展现企业贴心文化

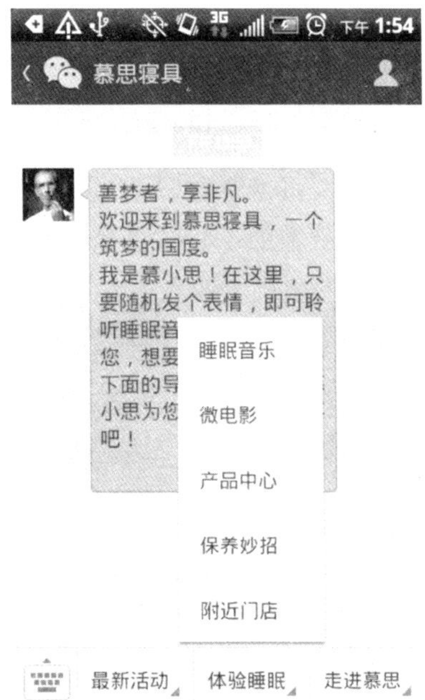

慕斯寝具微信界面

慕思的微信公众账号主要围绕慕思的产品特点，从广大受众关心的健康睡眠角度设计推送内容。另外，慕思借助微信公众账号举行了“睡商大调查”活动。活动主要是通过娱乐化的方式开展，例如，广告语就写得很有趣：“曾经一场好觉摆在我的面前，我没有珍惜，直到睡不着才后悔莫及，上天终于给我一个机会，让我重新修炼睡商，争取早日脱‘困’。快来参与慕思‘睡商大调查’！兰博基尼限量版奖品、iPad mini 等你带回家！”慕思通过这个活动发起了需求调研活动，此模式利用微信提供的“查看原文”跳转链接，用户点击后会跳转到企业独立的微信官方 HTMLS 网站（该网站经过独立的开发和网页功能及交互设计），依托于微信的庞大用户基数，通过微信推送给微信粉丝，完成需求调研。微信的链接跳转为企业的微信营销打开了窗口，也是营销成败的关键因素。借助丰富的页面展现、产品介绍以及与用户之间的互动，慕思成功实现了企业的销售目标和品牌推广目标。

3.2.5 诚信营销——夯实企业品牌根基

除了良好的企业形象、优秀的企业文化外，消费者最关心的就是企业的诚信力。诚信力很难树立，但是非常容易被破坏掉。企业只有用心雕琢每一个产品体验的细节，真正做到以客户为中心，才能够保证企业的品牌形象在用户心中长久树立，持之以恒的坚守以及童叟无欺的诚信宣传才能够使企业走得更远。

【案例直击】膜法世家：让错误不再出现

膜法世家的贴心界面

不论什么样的企业，都应该对微博平台有足够的重视，它在整个互联网营销活动中具有举足轻重的作用，可以成为企业发布信息、了解反馈、吸引新客户、开展促销活动、进行售后服务及危机监测方面的廉价而便捷的渠道。我们不仅应该充分利用它，还应该尽可能将其应用到得心应手的地步，这样才能被称为“玩转”微博营销。

膜法世家是淘宝网上的一个五皇冠店铺，以 20 万笔生意无一差评扬名淘宝网。他们在启动企业的新浪微博以后，把微博看成是和客户互动的最好渠道。他们有一个七人的微博管理团队，并且有一个和所有员工链接的 QQ 群，让每个员工都可以看到在新浪微博上发生的事情，吸取经验和教训，学会和客户开展深度互动。

一天下午，膜法世家 QQ 群里的微博管理员在群里发了一个截图，这个截图是一位顾客写在微博上的一个负面评论。管理员在截图以后，要求相关人员立即给予回复。

顾客是在 14：27 提出的批评，14：48 的时候——就是在 21 分钟以后，监管员发现了这条信息，他们一边和客户沟通，一边向正在值班的客服了解情况，中间有几个来回的互动处理。半小时以后，顾客说，这种处理事情的态度让他对店家的不满都消失了，并称赞了客服的敬业和耐心。事情并没有结束。晚上，在膜法世家的 QQ 群里，主管对导致投诉的那位客服提出了批评，也对这位客服的带班师傅提出了批评，还讨论了在新一轮的培训里怎么纠正，让这样的错误不再第二次出现。

我们看到，对新浪微博上出现的负面评论，膜法世家已经到了兴师动众的地步。顾客的微博是14：27发出的，负责监管的人在14：48开始与顾客对话，在14：50的时候客服已经将事情处理完了。14：58的时候，就是顾客发帖半小时后，顾客又发出了“支持你们，加油”的鼓励。而在当天晚上，店主、总监、店长在QQ群里针对这件事情展开讨论，布置了善后的工作。

膜法世家在微博平台上的做法值得一些企业借鉴：第一，30名员工中有7人是微博团队成员；第二，像客服值班一样有监管员在微博上担任监管；第三，配置了QQ群加快内部信息传递和统一认识；第四，出现问题不过夜，当天晚上就总结。

【案例直击】黑黛：微博营销下的品牌信服力打造

新浪微博负责人苗颖指出：“微博上可能会有一个小众群体对你的产品和品牌进行讨论，但要在传统渠道里告诉受众，我在这里，我在微博里。”“当用户的生活重心越来越多地迁移到微博等社会化媒体上时，如果你的用户在上面找不到你，你必然会失去机会。”苗颖的话告诉我们品牌信服力的重要性，同时也告诉我们微博是营造品牌信服力的利刃。

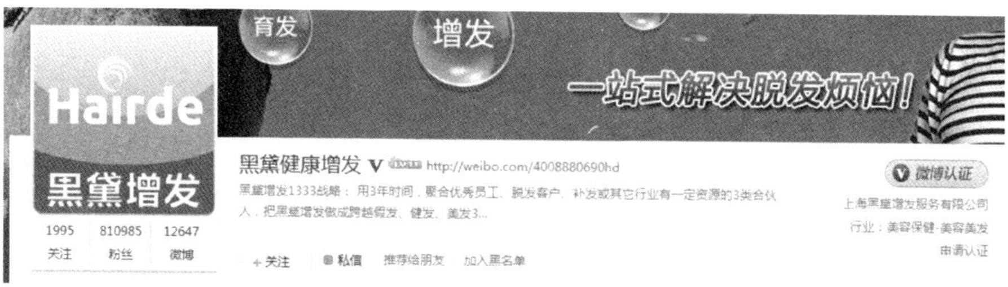

黑黛官方微博

黑黛作为一家美发增发企业，其客户多属于久治不愈型，因此培养客户对品牌的信任非常重要。黑黛公司的微博营销战略如下：第一，70名团队成员中有63人负责写微博，其中就包括董事长和总经理；第二，他们专门建了一个企业QQ群来内部沟通和培训微博内容；第三，他们明确规定微博中不准做直白广告，只允许把每天为客户服务的故事用简单有趣的方式写出来。长期认真的微博建设，使黑黛官网的流量上升10%，其中40%的用户会参与线下体验。通过微博，黑黛为自己的品牌营造了信服力，拉近了与用户的关系，自然能够带来大生意。

3.2.6 创意制胜——靠卖点子为生

过去，商家吸引消费者目光的手法几乎都是宣传产品的性能，今天我们最看重的是打造品牌身份和创造品牌价值。在将来，营销就意味着要吸引那些喜爱特定品牌形象的群体。而且，这些群体会通过不同层面上的各种渠道来使品牌形象成为他们自身形象的一部分。

我们不仅仅是在卖产品，我们还要卖点子。有些点子可以诱惑人们买产品，但更应该渐渐地让人们开始选择你的品牌，关键就在于不断探寻新方法与社群沟通，用有价值的内容来吸引他们。所以，企业要抛弃以产品为中心的销售方法，转而采用以群体消费者为中心、向他们提供信息并建设消费群体的方法来营销。

【案例直击】美的生活电器：趣味性内容赢得热议

2013年8月，美的生活电器开始筹备建立微信公众账号。仅仅用了一个月的时间，美的生活电器就推出了微信公众账号。通过微信公众账号的自定义菜单，用户可以随时随地了解美的生活电器各品类最新产品的功能卖点、促销活动、优惠信息等。要想购买的话，用户可以直接通过微信购买。同时，美的生活电器还推出了通过定位随时查询附近网点信息的功能。除此之外，该公众号还提供产品投诉、帮助及答疑等售后相关服务。整个美的生活电器微信公众平台为用户打造的是全方位的售前咨询、售中、售后服务。

9月21日，香甜IH智能煲新品上市，美的生活电器抓住这一契机，推出了第一条微信。这条微信综合了诙谐的语言和有趣的漫画形象，具有极大的趣味性，一经发布，就受到众多用户的关注。这些用户争相在微信朋友圈转发该消息，一时间成为用户热议的话题。

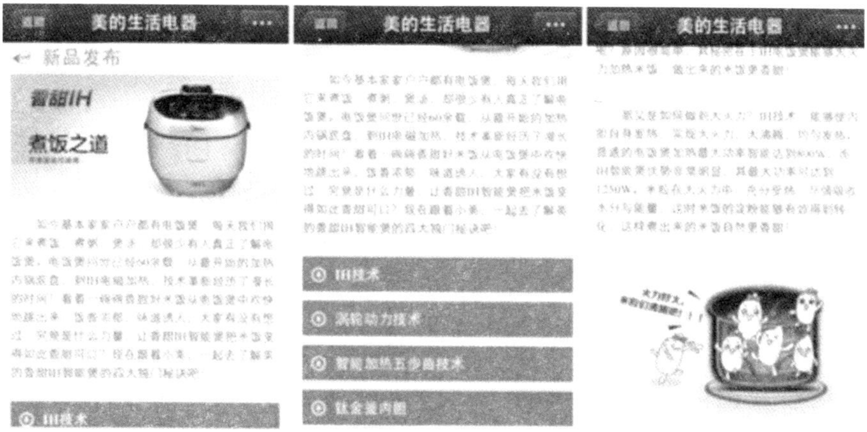

美的生活电器第一条推送信息

美的生活电器在进行品牌推广的时候，运用了微信这个工具，并且在发布信息的时候，以精彩的内容、诙谐的语言与有趣的漫画形象相结合，极大地激发了用户的阅读兴趣，也加深了美的生活电器在用户心中的印象。美的生活电器微信营销收到了良好效果，官方微信上线不到一个月，就吸引了数千粉丝的关注，为美的生活电器品牌传播起到了很大的促进作用。

【案例直击】佳沃食品：情人节的特别礼物

佳沃在情人节来临之前推出了一份由“枣”与“核桃”搭配而成的情人节表白礼物——“枣想核你在一起”。上市当天，其天猫旗舰店的 1 314 份限量版“枣想核你在一起”不到 4 个小时就被疯抢一空，更引起一阵话题热潮，无数网友在微博、微信晒出自己的“战利品”。

佳沃休闲食品的新奇包装

其实，单纯从商品来说，“枣”与“核桃”并非“吃货”们的挚爱，但由于佳沃别出心裁，将其打造成市场上从未出现过的“中式巧克力”，提升了品牌附加值，并以谐音的方式将其包装成情人节表白礼物，这才使得它大受追捧。

3.3 几句话吸引用户眼球，提高品牌关注度

3.3.1 公众账号设计有讲究

1. 明确企业定位，知道能要什么和想要什么

想要设计出一个成功的微信、微博账号，首先就是要明确企业的自我定位。企业定位是一个企业建设和发展的核心，想要将企业发展起来，就要明晰自身的定位并以逐渐形成的品牌效应来辐射受众，这才是企业的长线发展之路。

考虑清楚企业能做什么和企业想做什么这两个问题，自我定位就完成了一

大半，才能够在微信、微博等新媒体平台上展现出与众不同的个性与风格，进而形成了一种独一无二、不可替代的风格。

【案例直击】雕爷牛腩：全北京撞星几率最高的餐厅

作为中国第一家“轻奢餐”餐饮品牌，“雕爷牛腩”在开业前曾在微博上进行了半年的“封测”活动，广邀京城各界美食达人和影视明星前来试菜，这一做法不仅让普通用户感受到它的高端，甚至也令很多明星心向往之，很多明星和名人都以获得雕爷牛腩的“封测邀请码”为荣。

雕爷牛腩微博

于是，餐厅于2013年5月20日正式营业后大受追捧。由于利用了微博的高人气，以及对明星效应的准确把握，以至于大家都在微博上热传雕爷牛腩是“全北京撞星几率最高的餐厅”，这进一步增加了雕爷牛腩的人气。

2. 公众账号取名的注意事项

一个人如果取了一个好名字，那么他一定会更加引人注目，公众账号也是如此。另一方面来说，公众账号的取名还要根据受众来考虑，想要吸引什么样的人就一定要取一个能够能吸引这类人的名字。

值得注意的是企业的微信、微博公众号名称最好不要以某某品牌官方微信的形式来展现，这样会给人一种企业官网的感觉，降低大家阅读和了解的兴趣。如果企业的品牌知名度不是很高，可以用品牌名加行业关键词的方式命名，这样用户搜索行业的关键词就能够找到你。微信公众账号和认证过的微博账号一般都没有办法再更改名字，因此，在起名字的时候一定要谨慎。

最典型的好名字是所属行业和你所要发布内容的行业统称。比如，很多企业的微信、微博公众名就叫"××网××行业"，而不少企业和个人的微信、微博也直接以公司名称和行业名字作为微信公众账号名称，这样起的名字看起来更具有权威性，也更容易引起人们的关注。

【案例直击】改名字的新变化

假设银泰杭州西湖店这个百货商店要建立公众账号，如果按正常思路，应该取名为"银泰杭州西湖店"，但实际上本地用户习惯称之为"西湖银泰"，那么其公众账号名称就建议叫"西湖银泰店"，用户搜索时只要搜"西湖银秦"、"西湖"或"银泰"，这一公众账号就能够被成功搜索出来。

3.3.2 公共账号的运筹帷幄

当一个企业确定好自己的微信、微博账号定位之后，就要根据自己的定位确立品牌形象、目标人群。俗话说，"万丈高楼平地起"，当你做好这些基础工作之后，才能够顺利开展以后的诸多环节，每一个步骤都有效实施，才能够保证微信、微博的信息顺利地推送出去。

1. 夯实内容与功能的基础环节

做好内容的构建和功能的规划工作，首先要做的就是将要传达的内容分类。企业需要掌握每周要向粉丝推送哪些内容，比如是单图文消息还是多图文消息，是推送有趣或者有价值的内容还是推送能够满足用户日常所需的消息等。当然，还要高度尊重订阅用户的意愿。

内容方面把好关了，企业就要在功能建设方面下一些功夫，比如除了企业简介、企业商城和企业提供的服务等基础性功能之外，还要思考技术层面的外包和自己组建团队等问题，只有这一切都顺利完成，才算是完成了整个营销活动中最为基础的部分。

【案例直击】小米微信营销：106万用户是这样养成的

小米手机每周都会有一次开放购买活动，并且在每次活动的时候把微信的推广链接与微信二维码放在官网上。小米通过官网发展了大量的用户，最多的时候一天可以发展3万~4万个用户。同时，小米在每次微信活动之前的一两天，都会提前在其官网、合作网站、微博账号、小米论坛上提前发布消息，告知活动详情，在活动结束之后还会进行宣传，依靠这种方式，又培养了一大批微信用户。

除了购买活动外，小米还通过举办重大活动来吸引用户。比如，小米曾举办过一次名为“非常6+1”的活动，这次活动的规则是小米官方每天送出50个小米手机2F码和30张手机充值卡，中奖率非常高，最终排名前十名的用户，将能够获得小米2手机、小米盒子及移动电源等大奖。这次活动为小米新增6.2万用户，参与人数达到了21万，接收消息量高达403万，取得了非常好的营销效果。

在利用微信进行营销上，小米是成功的，这一点由它最终的用户数可以看出来。小米的成功在于它把握了微信营销的关键，懂得综合运用一系列手段去吸引用户，这是其他移动互联网企业需要学习的。

2. 运营团队职能划分

我们知道微信、微博的运作涉及市场推广、售前、售后、物流查询、财务等诸多环节。一个微信、微博团队理想的运营模式是以市场为导向，各部门配合共同做好运营。一个完整的微信、微博运营团队至少需要5人。

新媒体策划人员：其主要工作内容是活动策划和内容策划，要策划出粉丝感兴趣的话题，策划相关的活动与粉丝进行互动，增加话题、活动的趣味性，使粉丝对公众账号产生兴趣。

美编：其主要工作内容是对文字和图片进行编排，使整个界面能够给人一种赏心悦目的感受。

推广人员：主要负责将企业的微信、微博推广到更大的范围。

内容编辑：主要负责撰写微信、微博的内容，还要对粉丝的反馈加以收集，方便策划人员做好内容策划。

客服人员：主要工作就是与粉丝进行直接的沟通，与粉丝进行语音聊天，为粉丝解答问题等，还要对反馈的数据进行汇总、归纳和分析。

3. 多渠道打造企业形象

微信、微博本身就是一个线上产品，还是要和各个线上的营销渠道相互配合，这样才能取得事半功倍的效果。

(1) 与线上渠道的配合

和博客的配合：博客适合讲述比较详细的企业动态、行业信息、企业经营理念、企业产品或服务介绍、企业典型案例、用户体验分享及媒体报道等内容，可以采取与微信、微博自动链接的方式，或者在微信、微博中发布带有博文链接的内容来推广博文。

和网络视频配合：很多网络视频网站都支持将他们网站上的视频分享到微信、微博平台中，当然也可以在发布微博时，直接插入对应的网络视频页面地址。

和网络社区配合：网络社区是用户比较集中浏览的网络平台，微信、微博都能够同步分享到各大网络社区当中，一个具有吸引力的消息能够引发无数人的关注和分享。企业也可以在各个网络社区中注册账户，在发布相关信息时加上微信公众账号和微博地址，多角度进行营销。

和即时通信工具配合：微信、微博可以与即时通信工具进行绑定，利用即时通信工具也能够实现与微信、微博的分享和转发。

和其他线上渠道配合：网络的平台林林总总，威客、百度知道、百度百科、互动百科、网店产品信息、图片分享网站、点评类网站等诸多平台我们都可以利用起来，手机、平板电脑上的很多应用也都能够实现与微信、微博应用的对接。

（2）与线下渠道的配合

和报纸杂志的配合：企业可以在报纸和杂志上发布相关信息，将微信公众号和微博地址也附在上面，策划一些相关活动，让读者和企业互动起来。这样不仅可以扩大报纸与杂志上广告的影响，企业也能够在微信、微博的宣传上得到相关反馈。

和广播电视的配合：在电视上也可以进行微信营销，只要播放的节目中加上二维码，感兴趣的用户扫一扫就能够关注企业的公众微信号了；也可以将微博和电视直播相结合，让喜欢的用户能够边看边聊，参与讨论，这对电视节目的宣传以及企业的自我营销都是非常有益的。

和户外媒体的配合：户外媒体包括户外广告板、户外大屏数字电视、楼宇内及电梯间的数字电视等，这类媒体具有很大的广告价值。在发布广告的时候，企业应注意突出企业的微信公众账号、二维码和微博地址。

3.4 企业营销的大数据思维

3.4.1 迷人的大数据，正在发生的未来

1. 数据提升“约会”成功率

先来看一个有趣的恋爱学问题。

你知道她最常去的餐厅是哪家、最爱吃的菜是什么吗？你知道她最喜欢穿的衣服是什么牌子、最喜欢的裙子是什么颜色吗？如果这些问题你能熟练地回答，那表示你是一个还算有心的追求者。我们再把问题的难度调高一点：你知道她周几同意出去和你吃饭的概率更高一点？平均每顿饭要用多久时间？你知道她平均每次跟你打多长时间的电话？每次电话里使用的语气词都有什么特定

意义？你知道她跟你约会聊天过程中突然叹气或低头是什么意思吗？她嘟嘴是不高兴了还是向你“卖萌”？

也许你会举得这根本就是不可能掌握的神奇技能，谁要是真的能做到这一点，那肯定一追一个准。其实，如果你能详细地掌握她以往的生活习惯数据，只要经过合理的算法进行分析，就能提供八九不离十的答案。你可以根据数据分析提供的意见来选择何时约她出来、聊天内容以什么为主、用什么来判断她对某次约会的过程感到满意等。甚至，你还能通过数据与数据的联系，依据她今天的穿衣风格来判断她的心情状况，进而决定是要温情地安慰她还是讲条笑话逗她解闷。

这就是数据的魅力。

2. 大数据的定位与作用

数据分析运用在恋爱上也许有点让人觉得不舒服，但对移动互联网营销来说，它越来越受欢迎。懂得数据分析价值的营销专家都知道，一个拥有众多粉丝的企业应该及时统计、分析其粉丝的组成、喜好以及潜在需求，以此为基础就可以开展以粉丝为消费群的营销运作。这样做的好处显而易见：一是不容易引起反感，移动互联网时代一切都讲究价值，如果你打出的营销牌不能满足用户的价值需求，就会遭到忽略，而数据分析会增加你的营销精准度，让你提供的信息更符合用户的胃口；二是可以做到持续营销，数据越是经过积累越有价值，你可以定期向消费者发送他喜欢或需要的信息，通过得到的反馈不断优化数据分析结果，这样你的营销就能做到越来越有效。

数据分析发展到一定的地步，就成了现在热门的“大数据”。大数据（big data）又叫巨量资料，它严格的定义指的是所涉及的资料规模巨大，无法通过目前主流的工具进行有效的处理，需要新的处理模式才能发挥其强大的洞察力、决策力和优化流程能力的信息资产。这种信息资产具有三个特点：海量、高增长和多样化。

早在1980年，著名社会思想家阿尔文·托夫勒就在《第三次浪潮》一书中将大数据形容为“第三次浪潮的华彩乐章”。不过，直到2009年左右，“大数据”才真正作为互联网信息技术行业的流行词汇进入大众的视野当中。

美国互联网数据中心的资料显示，互联网上的数据每年保持50%左右的增长，每两年就会翻一番，而目前世界上90%以上的数据都是最近几年才产生的。这意味着企业每天要处理的信息将会越来越多。对企业的营销决策来说，它要统计和分析的数据不仅来自互联网，来自门店的统计数据、汽车等交通工具的位置数据甚至与人们出行相关的天气数据等，都是企业在做营销时需要收集和分析的。任何一个微小环节数据的缺失，都有可能造成最终的计算结果失去参考价值。

由此可见，大数据及其对应的新算法、新技术必将成为未来的发展主流，甚至可以说，大数据就是“正在发生的未来”。这点对移动互联网营销来说尤其关键，聪明的企业应该学会从今天开始就着眼于移动互联网用户信息的收集与分析，不要等到别的企业早已通过其信息积累与大数据计算进行了无数次精准营销后，自己还在摸索怎么编纂营销软文。

3. 大数据的营销价值

基于移动互联网的数字化沟通，我们几乎可以测定一切。一切都能产生数据，数据又多潜藏着价值。所以，可以想见，大数据带来的将是全新的营销策略和过程。试想一下，移动互联网用户每天无论打开哪个网站，都会被各种广告淹没，其中有的是他不感兴趣的“垃圾广告”，有的是他感兴趣但呈现方式不符合他的浏览习惯，有的则恰好既符合他的兴趣又选择了他最喜欢的呈现方式，你说他会选择哪家的广告点进去看？答案不言而喻。而要想达到第三种广告那样的精准营销，就必须要有大数据的支持。

其实，这还只是大数据“十八般武艺”中的小小一个。大数据不仅可以帮你用最好的方式将广告呈现给用户，还能从海量用户里找到能为你带来最大利润的那部分，它甚至还能教你如何开发这部分客户，并有效地管理好他们。

所以，大数据带来公司销售额的增加、带来企业投资回报率的增长，几乎是必然的结果。

谷歌的数字化数据库规模之大可以说是全球之最，它每天都要捕捉世界各地约 10 亿个搜索数据。这么大规模的数据使得谷歌能帮助很多企业更加透彻地了解客户，与此同时，谷歌自己也获得了极大的发展，其市值已经突破了 4000 亿美元。

需要注意的是，数据的增长速度要远远大过于市场的扩张速度。也就是说，大数据的应用前景是无限的，但市场始终是有限的。所以，谁先一步利用大数据积累营销信息、创新营销方式、占领移动互联网营销高地，谁就能早一步立于不败之地。

3.4.2　关于大数据营销的几个关键词

大数据的出现对移动互联网营销来说是历史性的改变。移动互联网用户究竟受哪种媒体的影响产生了消费行为，他们如何进入特定的网站并以什么习惯进行信息浏览，他们对不同营销广告的反应如何……大数据使得企业可以全程观察、记录并分析用户的购物过程。而且，这种分析过程并不漫长，企业可以得到实时的数字化数据，不需要像传统营销分析那样经过长达几周或几个月的统计、分析与研讨。几乎在企业开展营销活动的同时，大数据就能为你提供精确的数据，企业可依此立即优化营销过程，最大限度地提升营销效果。很明显，大数据带来的是一场移动互联网营销革命。

但是，要想深度参与到这场革命中来，就需要深入地掌握有关大数据营销的一切。随着“大数据”概念的火热，与之相关联的一系列名词也冒了出来。

1. 云计算

所谓云，是互联网的一种比喻说法。过去 IT 行业多在图示中用云来表示电信网，后来它发展成为代表互联网及其底层基础设施的抽象概念。简单理解，现在我们所说的云计算代表着基于互联网资源（网络、服务器、存储、应用软件等）的强大的计算能力，它甚至可以让你体验每秒 10 万亿次的运算能力，可以用来预测气候变化、预测市场发展趋势等。用户也可以通过电脑、手机等方式接入云计算数据中心，按自己的需求进行付费运算。

从技术上看，大数据和云计算的关系就像一枚硬币的正反两面一样密不可分。大数据正在彻底改变IT世界，也悄然改变着云计算。同时，大数据由于其海量多变数据的复杂性，本身又带来了数据挖掘、分析等一系列问题，而云技术的分布式处理、分布式数据库、云存储和虚拟化技术则是目前解决大数据问题集最重要、最有效的手段。

2. CRM

CRM就是“客户关系管理”的意思。20世纪90年代后，分析学进一步发展，此时人们已经可以将数据应用于营销活动了，许多市场营销人员开始迷上“客户关系管理”。

弗雷德里克·莱奇赫尔德在《忠诚效应》一书中指出，如果客户保持率增加5%，那就会产生25% ~100%的利润。同时，还有专家研究发现，一般公司的大部分营业收入都是由小部分客户带来的，所以客户数量与营业收入之间没有必然联系。

基于这些研究，企业开始采取种种行动维护与那类最值得珍惜的客户间的关系。在这种重视客户关系并积极进行客户管理的大背景下，企业开始开发数据收集、分析系统，还有的企业开发出了终身价值模型（lifetime value model），用来估算客户的长期价值，而防损耗模型（anti-attrition model）则被用来降低客户对企业失去兴趣的可能性。CRM的进化演变过程极大地增强了对数据及其相关设备的重视，大数据时代的来临从某种程度上来说，也是为了顺应移动互联网时代的CRM要求。

3. 数据库营销

数据库营销就是企业通过收集、积累会员信息，经过数据筛选、分析后，有针对性地使用电子邮件、短信、电话等各种方式进行客户深度挖掘，并维护客户关系的营销方式。可以说，它不仅仅是一种营销方法、营销工具，更是一种值得企业关注的经营理念。数据库营销正在悄然改变企业的市场营销以及服务模式。

从过程上看，数据库营销通过收集、积累用户的大量信息，来分析、预测其分别有多大可能购买企业的不同产品，并据此重新设计产品，或是根据不同客户的爱好推荐不同产品，同时还有针对性地根据产品选择最有效的营销方法，最终说服消费者购买企业的产品。数据库营销为企业带来的是高效和精准，为用户带来的则是更加贴心的个性服务。正是数据库营销，才使得 CRM 最希望实现的“一对一顾客关系管理”成为了可能。可以说，数据库营销就是 CRM 在移动互联网时代得以发展的基础。

4. 商业智能

谈到大数据和数据化经营，就不能不提“商业智能（BI）”。BI 通常指的是一种能够将企业现有的数据转化为优质信息，帮助企业做出最佳业务经营决策的工具。BI 从技术上来说并非最新的，它是数据仓库、联机分析处理和数据挖掘等技术的综合运用。从定义上来说，衡量一个 BI 是否成功的重要标准就是它有没有有效地辅助企业制定商业决策。但是，由于 BI 之前的采集数据的方法已经无法适应移动互联网时代暴增的数据量与数据结构，因此其对企业的决策制定愈发缺乏应有的作用。因此，BI 与大数据的结合势在必行。

当然，BI 和大数据的紧密联系还体现在 BI 的“小数据”对大数据的补充上。大数据强调的是关联关系，而 BI 强调的是因果关系，大数据在处理一些问题上并不具备全然的优势。因此，BI 依然可以将基础放在自己早已搭建成熟的小数据模型上，然后将其放到大数据上进行修正，这种协同合作才能帮助企业做出最明智的商业决策。

3.4.3 大数据风生水起，CRM 如虎添翼

对于通过移动互联网数据库、营销情报和营销调研收集到的信息，企业通

常需要做进一步的分析才能真正为己所用。正如科特勒所言："只有当企业利用信息做出了更好的决策时，营销信息才具有价值。"

1. 用数据支撑 CRM

有了充足的营销信息后，下一步就是整理这些数据信息，然后进行分析和利用。通常，为了挖掘各组数据之间的相互关系以及可信程度，都需要用到数理统计分析的方法。随着 IT 技术与统计学科的发展，目前许多信息分析的统计软件甚至拥有能够帮助营销人员做出最佳决策的功能，比如可以帮助营销经理设计销售计划、选定最优销售区域以及对新产品销量做出科学预测等。当然，营销信息分析是为应用而服务的，其中一个非常重要的应用领域就是顾客关系管理（CRM）。

【案例直击】联邦快递：数据高覆盖面

联邦快递集团为遍及全球的顾客和企业提供了涵盖运输、电子商务和商业运作等一系列的全面服务。作为一个久负盛名的企业品牌，联邦快递通过相互竞争和协调管理的运营模式，提供了一套综合的商务应用解决方案，使其年收入高达 320 亿美元。另外，联邦快递集团非常注重客户和社会的需求，屡次被评为"全球最受尊敬和最可信赖的雇主"。

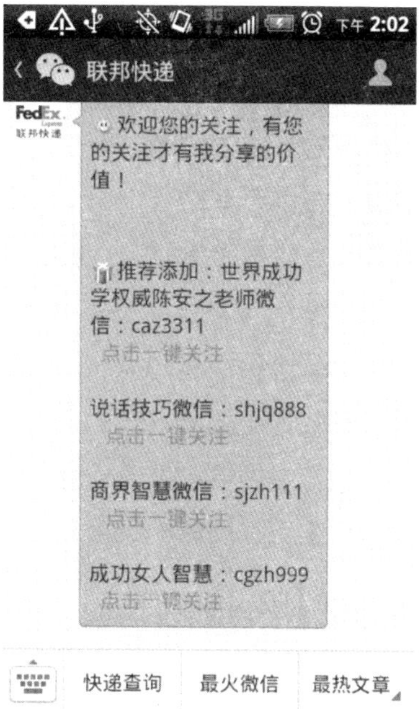

联邦快递功能多

联邦快递曾经开展了一场耗资几百万美元的 CRM 行动，想努力削减成本、向潜在顾客或现有顾客交叉出售产品和高质量的服务。该活动采用了 Clarify 公司的 CRM 软件，这种新系统为联邦快递提供了一份对每一位顾客的综合认识，详细叙述每一位顾客的需求并提出能满足他们需求的建议。比如，一位做了很多年国际船运工作的顾客打电话要求安排运送货物，销售代表会从他或她的电脑屏幕上查看详细的顾客历史，评估顾客的需求并决定当地最合适的报价。

联邦快递的新 CRM 系统就是其对营销信息进行分析和使用的一个工具，从上述案例中可看出，营销信息的终端是面向顾客的，其最终目的是为了给顾客提供更好的服务。对于企业来说，最有价值的资产当然就是顾客了，但建立与维护管理顾客关系是一个漫长的流程，还需要相关 IT 技术的支持，这样才能高效地实行顾客关系管理。

2. 采集营销数据，掌握信息主动权

顾客关系管理实施的好坏程度还取决于顾客数据信息的分析过程，准确的数据和科学的分析都是顾客关系管理的重要条件。可见，营销信息的分析和使用是紧紧相扣的两个环节，分析的结果直接主导着使用的结果。一个优秀的企业在营销信息的分析与使用方面总有自己的一套方法，而这些方法愈发受到大数据时代的影响。我们知道，在 CRM 的使用过程中会生成大量数据，包括客户资料、商机信息和订单信息等。这些信息往往纷杂而琐碎，如何快速从中获取隐藏的商机与价值，是每个企业经营者所关心的重点。

随着数据源呈现几何级数增长，营销信息的数量和复杂程度正飞速变化，从海量数据中提取信息的能力对企业来说至关重要。相信随着大数据与 CRM 的深度合作，随着数据和信息的不断积累，使用在线 CRM 的企业将会在发展的道路上得到更加明晰的指引。

【案例直击】Xtools：CRM 的先导

Xtools 是国内第一在线 CRM 品牌，它从中国在线 CRM 开创之初就反复强调数据对 CRM 的重要性。Xtools 的目标是通过在线 CRM 工具加上强大的云计算，帮助客户从积累的海量数据中直接找到最终的结果——哪怕客户根本不知

道什么是大数据。为了达到这个目标，Xtools不断调整和优化自己的在线CRM，比如在功能方面加强数据的可读性，在处理能力方面引入云计算技术，在结果方面对存储在CRM中的所有数据进行关联，最后形成超过30种各类统计数据图表，确保使用者对公司每天运营状况都了如指掌。

通过近10年的积累和提升，Xtools的在线CRM已经融入到各行各业中，为大量企业提供了优质服务。那些最早开始使用Xtools在线CRM的企业也在数据的不断积累和分析过程中享受到了更加流畅、高效的管理体验。

3.4.4 大数据催生大服务：让营销更有针对性

1. 用数据提升推荐成功率

大数据在零售业中的应用最为广泛。零售商使用大数据分析的方式来追踪、记录、统计和分析顾客留下的各种信息，这使得他们可以为每位顾客建立一份独立而细致的档案。之后，零售商就可以根据这些数据分析的结果来向顾客推荐商品和服务了。以前人们在移动互联网上登录一些网站时会随机跳出一些广告，让用户觉得很烦恼。但随着大数据分析的广泛运用，商家会根据你在百度、淘宝、当当等端口的搜索、浏览记录来为你推荐相关产品。

以亚马逊为例，它会根据你之前的购买、浏览记录来为你打造一个专属的推荐系统，每个用户看到的推荐信息都不一样。这种更有针对性的营销措施使得亚马逊的订单中有30%都来自其推荐引擎。

2. 用数据提升决策正确度

数据的作用不仅在于发现消费规律，而且它还可以用来分析促销活动对各种顾客的吸引力和影响。企业应针对不同顾客开展差异性营销，行政干部、公司白领、学生都应区分对待。

有了CRM系统，企业进一步增加了营销决策的准确度。企业一年要分析上亿条消费记录，该系统可从中挖掘顾客消费的特征，发现顾客品牌消费的特征，同时还能据此建立起对顾客的沟通体系。过去，顾客只在商店里与商场发生联系。现在，即便在家中，顾客也可以通过手机、iPad、电脑等与商场联系。由此，商场的管理与营销都开始从内部向外部整合，由管理商品、库存转向管理顾客、品牌形象。

随着竞争的加剧，零售技术作为竞争手段正变得日益重要。现在的零售商广泛使用先进的电子技术以便提高需求预测水平、控制仓储成本、进行赢利分析。实际上信息化管理使商家在零售的各个方面都享受到了便利和实惠。

通过这套正在开发的以大数据为基础的客户关系管理系统，使得企业调整速度快，对人和财物的管理约束力强，成本效率高，能够让主要经营者拿出更多的时间不断地完善自己。客人只要进入商店，利用信息系统就能够分析出这个人为什么能买某些商品、为什么不能买某些商品。我们可以预见，在未来的零售竞争中，信息系统将发挥越来越重要的作用。

3. 数据决定细节，细节决定入住率

在全世界拥有多家连锁分店的丽兹·卡尔顿酒店以高入住率闻名，从1898年创办至今，每天均保持着超过70%的入住率，其中90%以上的顾客是回头客。该酒店的秘诀就是在为顾客提供“一对一”个性化贴心服务的基础上进行大量的数据记录。顾客若是第一次入住，负责专人接待的服务员会随时记下顾客在住店时的种种喜好，如喜欢的窗帘的颜色、枕头安放的高低、倾向的楼层和房间号、喜欢房间里摆放何种鲜花和水果……这些个性化的数据都会被录入酒店客户数据库中，而且全世界各个连锁分店都可以查到。当顾客再次入住丽兹·卡尔顿酒店时，其房间就会按照顾客之前的偏好准备，给顾客真正营造出家一样温暖惬意的感觉。

卡尔顿酒店依靠对数据的积累和运用，为顾客提供了远远超出其期望的超值服务，也为自己带来了其他酒店无法企及的入住率。

在大数据时代下，“大服务”必然是企业营销的首选战略之一。我们发现，传统的服务理念只是满足顾客的一般心理需要，这和大数据支持的大服务相比，

显得十分欠缺。企业不仅要利用数据充分发掘用户的需求和习惯，还要为了满足甚至超过用户的需求进行提前准备。

3.4.5 大数据广告激活精准直复营销

前文已经提到，互联网经济是“免费经济”，在如今这个时代，移动互联网用户除了期望得到质量更高、数量更多的信息，还希望这些信息都是免费的。他们一再通过自己的选择表示：无论是喜爱的视频节目，还是最常浏览的新闻、咨询网站，他们都不希望这些是付费的。但是，如果没有广告收入，这些视频网站、新闻网站都只能选择向用户收费。因此，用户其实是在用观看广告的方式为自己的消费“埋单”。

1. 精准广告成主流趋势

要想让移动互联网的优质内容始终保持免费，那就不能赶走广告。随着移动互联网用户对浏览体验要求的不断提高，移动互联网广告也需要作出相应的调整，这也是大数据时代广告投放者的必然选择。设想一下，你是一名年轻的游戏爱好者，你想观看一段半小时的游戏视频，但不得不同时观看片头的 1 分钟广告。那么，你愿意在这 1 分钟里观看随机的某种广告，还是希望看到与电子竞技相关的广告呢？相信绝大部分人都会选择后者。

当然，为了让网络运营商给你提供更符合你兴趣的广告，你就得允许其市场营销人员搜集你在移动互联网上的种种轨迹，并据此研究你的爱好和习惯。这听起来是不是有一点侵犯隐私？其实，与现实生活相对的私密性比较，身处网络世界的我们几乎就是透明的，我们浏览过的门户网站、搜索过的关键词、网络购物的清单甚至即时聊天的内容等，都会被记录下来，随时可能被网络服务商抓取，并进行深度挖掘，进而形成一个有关你的详细的“数据影像”，这是我们都无法抵挡的潮流——除非你远离互联网。

不论你愿意还是排斥，网络运营商、各种企业都会通过大数据对你进行分析，这样做的结果也许比你预期的还要好。除了你接收到的广告会更加符合你预期，其数量也会逐渐减少。也就是说，大数据下的个性化精准营销将为企业带来更高的回报，他们会因此减少不必要的广告投入，将更多资源用在精准广告上。久而久之，广告数量就会从整体上减少。这似乎是一桩皆大欢喜的买卖。

2. 大数据激活直复营销

其实，大数据广告带来的并不只有这些表面的变化，它在很大程度上还将改变一个企业整体的营销策略及其相关体系，这种变革带来的是无限可能。

以许多企业都广泛采用的直复营销为例。直复营销可说是人类最早的商业配销方式，属于直接营销中的一种。直复营销是一个与市场营销相互作用的系统，它利用一种或多种广告媒体，对各个地区的交易及可衡量的反映施加影响，也可将其理解为产品生产商、制造商、进口商通过媒体（电视购物频道、互联网等）将产品或者咨询传递给消费者。

以在欧洲开展直复营销近30年的TNT公司为例。如果某汽车公司即将推出一款新车，一般大众广告会向所有人传递这个信息。但实际情况是，并非所有人都对购买此款汽车有兴趣。此时，TNT这样的公司就会利用已有的数据库，告诉这个公司你的目标消费群体在哪里。TNT通过电话、信件、电子邮件或其他传递方式一一告诉这些有兴趣购买汽车的人，这款新型轿车的具体性能和基本价位以及公司为回馈顾客采取的优惠促销活动。之后，TNT会与这些客户沟通，了解他们对这款车的意见，再把信息反馈给该汽车公司。

通过TNT的操作流程我们可以发现，一个完善的客户数据库是高效直销的前提和保证。客户数据库会包括很多的信息，比如地理、人口、行为和心理等众多方面。数据库中的这些数据可帮助公司来确定潜在客户，还可以帮助公司改进、升级产品与服务，从而不断精准地满足顾客需求。

正是有了这些传播媒体、数据库的介入，才赋予了直复营销巨大的发展潜力。另外，与顾客及潜在客户的直接互动也是其一大特点，移动互联网作为一种交互式的可以双向沟通的渠道，它可以很方便地在企业与顾客之间架起桥梁，顾客可以直接通过网络订货、付款、反馈及投诉，企业可以通过网络接收订单、安排生产，直接将产品送给顾客，还可以吸取顾客建议，为顾客定制个性化产品。

可以想见，直复营销在大数据支持下所带来的好处也将会越来越大。据有关统计，近些年来，美国直复营销销售额年平均增长率为10% ~15%，其发展速度为传统零售业的两倍。

3.4.6 基于大数据的用户行为分析

不管是利用微博还是利用微信进行营销，最重要的是积累越来越多的用户数据，只要积累了足够多的用户数据，就能分析出用户的喜好与购买习惯，这就是所谓的用户行为数据分析。对用户数据进行分析是大数据营销的前提与出发点，也是利用微博或者微信进行营销的基础。

既然用户行为分析那么重要，那么究竟该如何进行用户数据分析呢？要想做好用户行为数据分析，就要先弄清以下三个方面：第一个方面是什么是用户行为分析；第二个方面是为什么要分析用户行为；第三个方面是如何分析用户行为。

1. 什么是用户行为分析

用户行为分析指的是根据用户访问的基本数据，对有关数据进行统计、分析，从中发现用户行为的规律，并将这些规律与营销策略等相结合，最终完成营销过程。要想把这种用户行为分析做好，就要首先知道用户是谁？他们打算在什么时候买？买的地点又是哪里？他们产生需求的动机是什么？打算买多少？买的方式又是哪些？

以上这些方面的数据分析是最基本的，而要想在用户数据分析的基础上把微博、微信营销做好，还要进行更深层次的数据分析，比如准确记录用户在微博或者微信平台停留的时间、回访者、回访次数、新访问者、回访相隔天数等，还要做好对注册用户与非注册用户之间浏览习惯的分析。除此之外，还要分析用户所使用的搜索引擎、关键词等。

2. 为什么要进行用户行为分析

微博、微信等社交软件越来越受人们的喜欢，并且拥有巨大的用户量。很多企业开始借助这两个平台发布新品、推广产品信息、搞促销活动，虽说这种营销手段极具创新性，但是并不一定能够取得良好的营销效果。

既然营销没有起到好的效果，就要弄清“为什么”，而要想弄清为什么，企业就要进行用户行为分析。企业通过收集和分析用户行为数据，了解用户对营销活动和产品特性的想法，这样就能根据具体的数据来改进营销方案，使营销最终取得良好的效果。

3. 如何进行用户行为数据分析

要对用户数据进行分析，首先要采集用户行为事件，只有采集了用户行为事件，才能为用户行为数据分析提供基础。那么，什么是行为事件呢？行为事件就是用户在一段时间内有哪些作为。比如，用户在什么时间第一次浏览了公众账号，停留在公众账号上的时间是多少；用户第二次浏览这个公众账号又是在什么时候，停留的时间又是多少……采集了这些数据，就能为用户数据分析打下基础。

除了要对以上行为进行分析之外，还要对用户在公众账号上的各种操作事件进行采集，并分类汇总到事件库中。汇总不是最终的目的，分析才是要达到的目的，所以要对事件库中的每个用户事件进行分析，从而得出用户行为。

对用户行为进行分析之后，还要做到对内容进行分析。不同的内容分类代表了不同的消费群体的消费习惯，所以对消费内容进行分类和分析，就得到一些切实有效的营销数据，对开展个性化的营销活动是非常有帮助的。做好内容数据分析之后，还要做好消费内容关联性分析，但是要在技术上进行消费内容关联性分析是比较困难的，目前为止只能做一些比较简单的分析，只有在作出一些模型后才能深入进行分析。虽然内容关联性数据分析只能做比较简单的分析，但是对营销依然有比较大的促进作用。

【案例直击】社交游戏：比广告更可靠

社交游戏一经诞生就得到了迅猛发展。市场上的游戏数量超过了所有人的预期，从简单的字词和解谜题材游戏到大型多人冒险游戏，各种各样的游戏充斥在人们的视野之中。社交游戏的疯狂增长吸引了大量的玩家，这些开发企业的盈利也因此获得大幅增长，并且在盈利增长的同时达到了企业营销的效果。

微信开始出现，并且凭借疯狂生长的态势席卷了移动互联网市场。经过不断的改进与发展，微信也开始注重向社交游戏方向靠拢。

首先是微信自身依靠社交游戏营销取得了不错的业绩。最具代表意义的是“飞机大战”这款游戏。“飞机大战”作为微信启动界面与广大的微信用户见面，随即一股玩“飞机大战”的风暴席卷而来。“飞机大战”之所以这么受到微信用户的追捧，就是因为它简单明了、生动有趣、上手极快，并且还不会浪费时间，非常适合打发零散时间和在工作间隙娱乐休闲。微信依靠这款小小的游戏吸引了大批的用户。在“飞机大战”后，微信又上线了“天天爱消除”、“欢乐斗地主”等小游戏，这些游戏的上线让微信用户乐此不彼，数亿的用户被紧紧圈在微信这个平台上，玩得兴高采烈。

当然，依靠微信平台推广社交游戏的不仅仅是腾讯。很多企业也看到了社交游戏的营销效能，也借助微信这个平台来进行社交游戏营销。“疯狂猜图”就是其中最具典型性的代表。这款游戏完全是建立在微信或是QQ好友关系上的，用户可在朋友圈或对话中邀请好友加入游戏，查看彼此之间的得分排名，并将游戏成就进行分享。“疯狂猜图”开发团队提供的数字显示，从2013年5月29日开始，新增游戏用户开始快速增长，6月7日一天的新增用户数甚至达到30万，每日活跃用户数超过了50万。

在很多人看来，营销是一件令人非常头疼的事情，频繁打广告却不一定能够取得好的效果，因为用户的积极性不是轻易就能被激发起来的。用户积极性不高，营销就一定不会有好的效果。然而，利用社交游戏进行营销完全解决了这样的问题，新奇的游戏总是能够极大限度地调动用户的积极性，营销也能因此轻而易举地被完成。

4. 做好线下客户数据分析

在"微"时代进行"微"营销最重要的是要做好客户数据分析，线上客户的数据分析固然重要，线下客户的数据分析同样不可小觑。消费者在线下消费时，和线上消费一样会留下非常丰富的数据，正确分析这部分数据对整个"微"营销活动是有非常大的帮助的。

既然线下数据分析非常重要，那么企业应该如何进行线下数据分析呢？线下数据的分析主要依靠线下商业机构部署的一系列 IT 设备和系统，这些系统包括客流系统（视频方案或 Wi－Fi 方案）、POS 销售系统、CRM 系统。线下客户数据分析包括很多内容，要做到尽量翔实。

（1）消费者进店时的数据分析

这些数据包括消费者是乘载什么交通工具来到店里的、是从哪条道路过来的、是从哪个门走进来的、门店入口的促销信息有没有引起顾客的重视、有没有必要着重布置。

（2）要对顾客的购物路线进行数据分析

要知道顾客在购物的时候去过哪些地方，比如服装店、咖啡店等，在这些地方停留的时间大概是多少；还要仔细观察陪顾客来消费的人，看他们是家庭成员关系还是朋友关系，抑或是情侣关系。

（3）要对顾客的消费过程进行数据分析

要明白他们在哪些消费场所进行了消费，停留的时间有多长。这个过程要结合 POS 系统，以此来掌握消费者的消费取向、能力。

（4）通过 Wi－Fi 上网痕迹来完成数据分析

很多商家都在店铺内提供免费 Wi－Fi，在进行数据分析的时候要充分利用这一工具。因为顾客在使用智能终端通过 Wi－Fi 网络使用移动互联网的业务之前，都要输入有效手机号码获取夹带登录密码的下行短信，然后使用下行短信里面的登录密码完成 Wi－Fi 登录的认证过程。通过这一过程，线下商业场所可以获取顾客的手机号码。通过对手机收据分析可以得知这些顾客都是来自哪里，并且可以对这些人进行地域归属，了解不同地区的人的消费能力排名。

（5）要依靠会员卡做数据分析

通过顾客使用会员卡消费的过程对他们进行数据分析，通过会员卡可以得知他们的详细消费清单（消费品类和消费额度），通过对消费清单的分析就能知道他们对店铺的忠诚度和贡献价值。

（6）要对促销活动数据进行分析

任何企业都非常担心顾客的稳定性，很多顾客一搞促销活动就来，但是促销活动一停止，他们就立刻消失。所以，促销活动虽然可以引来新的客流，但是真正能够对企业做出贡献的是活动后留存的顾客。所以，对促销活动的数据进行分析也是非常重要的。这就是对促销客户的留存数据的分析，要知道哪些是吸引来的新顾客、哪些是老顾客、二者相互转化的数据分别是多少。

以上就是全方位的线下客户数据的搜集与分析。通过对这些数据进行分析，就能知道顾客的消费趋向、能力、爱好等方面的信息，这样就能根据具体情况展开具有针对性的营销活动，让营销的效果得以最大化。

这些数据分析的过程是相当烦琐的，也是非常麻烦的，微信却让这种数据的分析简便化。微信已经实现了向第三方开放 CRM 接口，这就是说微信支持闭环的 CRM 解决方案，为线下商户提供移动端会员管理系统。这样的改进给企业营销带来什么好处呢？具体的好处就是企业可以在微信端直接建立 CRM 服务系统，搭建会员管理体系，记录会员消费轨迹，企业就能根据这些消费痕迹对线下客户进行数据分析，这样就能帮助企业达成精准营销、智能营销的目的。

线下客户数据分析对整个营销活动起着非常重要的作用，微信能够帮助企业更好地完成这项工作。因为它为企业营销提供的不仅仅是一堆冷冰冰的数据，还能对这些数据做出分析，分析出线下客户的特质、心理活动。通过这种数据分析，企业就能知道制定怎样的商业决策才能达到预期的营销效果。

第4章

微信成就个人的创业平台

4.1 微信平台上的创业机会及赚钱途径

4.1.1 低门槛、高收入的创业基地

微信现在几乎成为每部智能手机必备的应用。有传闻称微信用户将在今年年底将突破10亿大关，即使年底突破不了10亿，距离10亿的日子肯定也不会太遥远。微信的低门槛和高收入让创业者省却了纠结的时间。

1. 低门槛

注册一个微信账号非常简单，完全不用懂什么技术，只要懂得怎么用电脑操作日常软件、会打字就可以了。无论是医生、律师、教师还是其他行业的人，都能够建立一个公众账号来满足用户的需求，也给自我营销、自我创业提供了机会。

【案例直击】的哥利用微信平台赚大钱

随着智能手机的普及，很多的哥也开始用微信来招揽生意，有人针对市民是否愿意用微信平台打车做了一下调查，结果表明只要使用的是智能手机，市民愿意利用微信平台打车的数量几乎是百分之百。一位市民说："我经常用微信平台上的打车功能叫出租车，既不用在路边等车来，还可以很直观地知道车将会在多长时间内到我所在的地方，真的是非常方便。"

蒋烨就是一个用微信平台做生意的时尚的哥，他的两部手机几乎从不离身，不仅用微信推送消息，就连支付的方式也用起了支付宝，既方便了用户，也为他招揽了大量生意。开始蒋烨根本不会使用微信，后来逐渐学会用附近的人来和周围的人打招呼，用蒋烨自己的话形容，这就像是在网上隔空发名片一样。

经过一段时间的积累，蒋烨开始能用微信找到客源了，这些客户后来都成了蒋烨的老主顾，随着用户的增多，蒋烨还开通了微博账号，公布了出租车预约方法和电话联系方式，已经吸引了大量的粉丝。

随着生意的火爆，蒋烨干脆建立起了一支车队，由100名的哥和2名调度员组成，在他们的车上还能享受到Wi－Fi、智能手机、充电器、耳机等多种服务，加入这家车队的的哥，收入整体上都提高了50%左右，现在蒋烨已经有了400多位好友，月薪也从原来的4 000多元飙涨到过万元，成了名副其实的“万元的哥”。

2. 高收入

微信作为一种互动媒体，能够创造出比较可观的收入，如果微信营销做得比较成功，就可以推送一些广告，一个广告单子从几百元到上千、上万元不等。除此之外，微信团购也能带来不少收益，美食、电影票、化妆品、KTV等，这些能够给人们生活带来实惠的推广信息不仅不会让人反感，还给人们的生活带来了便利。

【案例直击】果哥水果，创造销售奇迹

有个90后水果店老板叫周颖，顾客都叫他“果哥”，是一个大四的学生。他的这家水果店没有商铺，也没有店员，只是租了一个小小的仓库。刚开始的时候他通过微博、微信来发布信息，然后再将订单进行收集整理，自己一人将采购和订货全部承担下来，一个月下来只有4 000元的销售额。果哥说他每天的客户基本上都是比较年轻的家庭或是以寝室为单位的学生，每次至少都要消费100元。

每天他都会运用“附近的人”这些功能，主动添加周围的人为好友，针对不同的人群做出不同的标记，也会推出适合他们的信息或活动。他还会坚持每天在朋友圈发布新信息，介绍一些有关于水果的常识、健康知识以及新品推荐，还会有一些发送一些新鲜事儿、趣事儿。在朋友之间的分享中，果哥的公众账号就逐渐打出了名声，周到的服务也让在果哥这里消费过的人尝到了甜头，很多老顾客逐渐习惯了在果哥这里订购水果，目前果哥每月的销售额已经超过8万元，真正实现了自主创业的梦想，也给年轻人创业做出了榜样。

4.1.2 优质创业机会，前景和途径并举

腾讯公司的高级副总裁张小龙表示："微信可以为整个业界提供一个很好的通信开放平台，让所有的第三方都能够把他们有价值的应用通过这个平台来接触到更多的用户。"现在这已经变成了现实。随着"查找附近的人"和"摇一摇"等功能获得巨大成功，腾讯在O2O方面的布局正以"二维码+账号体系+LBS+支付+关系链"构成路径，形成一种闭环的商业生态模式，除了完善微信自身功能外，腾讯还积极与U联生活、通卡等公司合作，一方面打通优惠券与支付系统，另一方面全面整合微信的CRM系统，以增强其在O2O方面的实力。

除此之外，微信正在和一批合作伙伴测试公众平台的自定义接口功能，这个接口可以让第三方公司的CRM系统自主接入。公众账号背后的商家将能通过这个接口为用户提供更个性化的服务。有了这个接口，基于微信为用户提供服务的创新应用也不断涌现，比如微信查路况、查信用卡、订酒店、订外卖、买门票、购物、微团购等。随着越来越多的应用加入微信平台，探讨微信营销的机构和文章越来越多，微信导航网站也顺势而起。

腾讯微信会员卡负责人耿志军说："未来微信还将成为一个商户自助管理的开放平台，商户可以自由接入、自主管理用户体系，商家原有的CRM系统都可以对接到微信会员系统中，从而优化其CRM系统，让原有CRM也具备拉新和营销能力。"

在实物电商方面，微信已经联合美肤汇进行了不少的支付尝试，耿志军称："实物电商进到移动互联网时代应该是什么样子？我们觉得至少不是PC互联网时代的样子，至少更轻一点、更便捷一点。我们先做生活电商，实物电商接下来也会加速做。"

当然，乐观地讲，微信的商业化也有机会带来更多种可能性，尤其是对第三方而言，如游戏开发商、数字出版方、优质自媒体、营销公司等。

4.2 微信上的创业商机

当你的微信开启了公众账号功能，那就意味着一种新营销方式的到来。对于微信创业而言，无论是个人还是企业都在蠢蠢欲动。我们生活在一个变革的时代，没有人有义务教会我们什么，因此，我们必须靠敏锐的触角，及时地做出反应和不断地自我完善。

既然微信能创业，那么我们首先要知道哪些行业适合用微信赚钱、哪些行业不适合。要看一个行业能不能用微信营销，判断标准大致有以下几个。

第一，是否有助于巩固老客户群体并提高老客户的客单价；

第二，是否有助于带来新客户；

第三，是否有助于提升既有的客户体验，简化运营流程，并提高工作效率。

只要能满足三点中的一点以上，在任何行业进行微信营销都是可行的。从微信开放“自定义接口”，允许其他账号接入微信开放平台以来，已有许多商户的微信公众账号进驻其中，他们在微信平台上的公众账号看起来更像一个精简版的 App，却可以推送出更加具有实用性的内容。

4.2.1 酒店行业

酒店行业怎么利用微信平台呢？举个简单的例子，你如果想住酒店了，可以在微信中把自己当前的地理位置发送给“订酒店”功能，之后系统会自动回复一条信息，告诉你附近有哪些酒店可以预订，并提供订房的费用和电话号码等。

【案例直击】布丁酒店：微信带来的大量订单

2012 年，布丁酒店的微信订房功能就已经上线，而此刻大部分星级饭店才刚刚熟悉微博营销。作为第一家与微信系统直联的生活服务提供商，布丁酒店无疑成为了行业网络营销中的一个焦点。

布丁酒店的微信营销

截止到 2013 年，布丁酒店微信客户端的会员总数超过 25 万，日均增长会员超过 4 600人，平均每天为布丁酒店带来 169 个订单。尤其是元旦假期这几天为布丁酒店带来总计 1 072 个订单，是平日的两倍多。这些数据，都远远超过了布丁酒店的预期。布丁卡在上线三个月里获得了 10 万以上的用户，新用户通过微信下单的比例超过 12%。

在线上，布丁酒店通过既有的平台微博、人人网推广；在线下，各个门店大堂、电梯等处都放上了宣传物料，就连床头贴也印有布丁酒店的微信客户端。

布丁酒店还会策划出大量的活动来吸引客户。比方说，“2012 末日”之说被炒得很火时，布丁酒店就借机推出了其微信客户端第一次官方活动“抢占 2012 避难点”，即 2012 年 12 月 20 日上午 11 点至晚上 8 点，用户在每个整点都可以参与抢“2012 避难点”（即免费房一晚）。经过在微信、微博、人人网等网络渠道的宣传，总参与人数达 2 万多人次，当天新增会员将近 6 000 人，再一次让我们感受到微信、微博的能量。

布丁酒店还会利用“附近的人”等功能来招揽客源，使用者在关注酒店的同时，不仅会获得一张会员卡，实际上更是收藏了酒店的订房方式，只要用户将来有了订房的需求，可以直接打开布丁酒店的微信账号进行订房操作。这不仅增加了酒店的客流量，也给客户带来了更多的方便。

#商机点拨# 图文并茂，便捷快速

随着人们生活条件的改善，旅游成了都市人群放松的首选。酒店类企业通过微信发送自己所在城市的旅游攻略，尤其是图文并茂、富有诗情画意的景点图片可以吸引大量的用户。除此之外，酒店还可提供订机票、景点门票、租车等服务，带给顾客全新的体验。

4.2.2 餐饮行业

微信、微博作为新营销手段，被越来越多的人关注，很多餐饮行业的从业人员通过微博、微信销售自己的餐饮产品，通过互联网迅速扩大知名度，微博、微信等新媒体营销方式还降低了广告的成本，使得商家可以以低成本、低风险的方式来宣传自己。

【案例直击】绝味鸭脖：一场漂亮的互动品牌推广战

很多企业品牌看到了微博这一宣传平台的重大作用，于是纷纷通过微博宣传新产品、提高企业影响力。绝味鸭脖也依靠这个平台开展品牌推广活动，并且取得了良好的效果。

2011年3月8日至3月14日，绝味鸭脖开展了“晒浪漫，爱分享”的活动。成为“绝味鸭脖”微博粉丝的用户只要关注和参与“晒浪漫，爱分享”话题讨论，转发微博，晒出对心中另一半的浪漫宣言，或者晒出“晒浪漫，爱分享”的甜蜜照片，就能成功参与活动。绝味

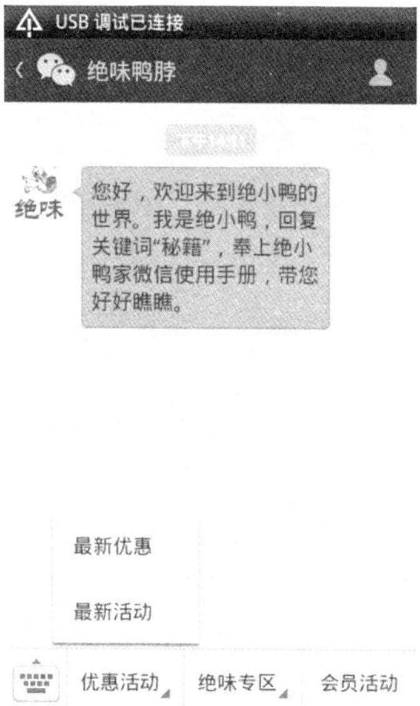

绝味鸭脖的可爱微信

鸭脖每天从参与活动的粉丝中随机抽取三位粉丝，送出绝味浪漫大礼包。

这一活动一经推出，就引起了很好的反响，“晒浪漫，爱分享”一时成为大家热烈讨论的话题。特别是一些处在热恋之中的年轻人，他们纷纷依靠这次活动晒出自己的爱情宣言和甜蜜照片。依靠这次活动，绝味鸭脖的销量大增，购买者为了买到绝味鸭脖甘愿排起长队。这次活动的巨大推动作用还不仅仅如此，它还为绝味鸭脖积累了超高的人气，塑造了绝味鸭脖的亲民形象，起到了良好的品牌推广作用。

这次营销活动之所以能够取得这么好的效果，就是因为绝味鸭脖利用微博打了一场漂亮的品牌推广战。绝味鸭脖在推广品牌的时候依靠的是“晒浪漫，爱分享”活动，这对年轻人来说是非常新奇的、好玩的，能够吸引他们关注此活动。而奖品又对这些粉丝形成二次吸引，让他们积极参与进来。在得到奖品后，很多获奖者会选择微博晒单，这就对绝味鸭脖形成多重宣传，大大提高了品牌推广效果。

#商机点拨# 连锁经营，标准统一

在美食品牌系列中，标准化的产品价格促销体系是这个行业应用微信开展营销的前提。对于肯德基、麦当劳、星巴克及能实现标准统一价格的中式连锁店来说，微信、微博是锁定固定消费群并向其推送优惠电子券和新品信息的最佳渠道，而餐饮企业的店面数量和分布情况决定了这个微信公众账号的价值。

4.2.3 移动电商类

产品信息通过微信平台准确传递给目标受众，从开放互动到精准营销的互动体验也让众多电商尝到了甜头。在业内人士看来，对于微信营销，众多电商都在摸着石头过河，但在未来一段时间内，微信平台必将引发新一轮的电商大战。

随着消费者目光的转移，电商的宣传模式也随之转变：从博客转战微博，从微博转战到微信，互动性平台的逐步递增令电商马不停蹄。从本质上讲，微博传播的是信息，微信传播的是信任。毫无疑问，朋友圈内的推荐的可信度大于微博上各类营销账号和明星账号的推荐，而这种基于推荐的传播途径与美妆电商乐蜂网的达人经济有异曲同工之妙。达人经济是借助明星达人在圈内的影响力，将理念及产品传递给消费者，充分挖掘明星背后粉丝群的社会效应和经济效应。

【案例直击】唯品会：靠优惠信息来吸引粉丝

中国领先的名牌折扣网唯品会为了更好地促销产品，也打响了微信营销战。用户只要通过添加微信号 vipshop2010 或者扫描二维码就能关注唯品会微信账号。成为唯品会微信粉丝后，用户就能第一时间了解唯品会名牌折扣、相关资讯、互动活动等内容。

为了达到更好的营销效果，唯品会推出了一系列的优惠。

比如，凡是在 2013 年 9 月 18 日到 2013 年 9 月 30 日之间用微信添加唯品会为好友的用户，都能获得一张面值 10 元的唯品会优惠券；在活动期间添加唯品会为好友的新老用户，就有机会抽取一份兰蔻唇膏礼盒；广东省内使用唯品会购物优惠券的用户，有机会抽取 10 月 14 日举行的张惠妹广州演唱会门票。

唯品会微信营销三重礼

唯品会微信营销之所以能够取得如此好的效果，就是因为企业在开展微信营销的时候，利用优惠的方式来增强与用户之间的感情，让用户感觉到自己是上帝、自己是被重视的，最终提升了他们对品牌的忠诚度。

#商机点拨# 垂直电商品牌直营

现在各行业的实体店随着租金及其他成本的不断上升，加之不断受到电商的冲击，纷纷开始谋求出路。而微信公众平台的出现，无疑让他们看到了希望。因为垂直电商利用微信可以在独营品牌的运营上采取自有化方式，可以提高网站与品牌联动效率，对市场做出迅速反应，使得价格体系有保障，从而能够实现更高的利润。另外，电商可以通过微信公众平台准确掌握买家的喜好，然后制定更精确的商业决策，降低风险，提高收益。

4.2.4 交通行业

通过微博平台，航空公司、汽车公司、铁路部门可以发布形象宣传、介绍、目的地旅游指导、热点话题评论等信息。而在微信的平台上，企业可以通过微信公众账号向用户推送消息，并可借助网页链接、语音、视频、图片等形式，让内容足够丰富，从而形成粉丝与企业之间的无障碍交流。

【案例直击】273 二手车：二手车专家随身带

273 二手车是互联网企业利用微信进行营销的典范。商家首先开通了 273 二手车官方微信，用户只要扫描官方二维码，或者关注 273 二手车官方微信，就能通过手机查询各类二手车资讯。

273 二手车网汇集了 10 年来交易的所有车型车系、二手车报价、二手车成交价等海量信息，如今这些信息都能通过微信发送到用户的手中。只要用户提供车型信息，就能立即得到全国范围内该车型的二手车车源信息；只要发送所在的城市名称，用户就能立即得到该城市在售的精品二手车的信息。

同时，273 还为用户提供卖车评估服务，这为想卖车又不懂行情的人提供了便利。此类用户只要发送车型基本信息到273微信，273二手车的专业评估师会依据最新市场需求，并且结合使用年限、车况、车辆折旧率等为用户免费估价。

273 二手车微信营销

除此之外，273二手车微信还为用户提供买卖二手车注意事项、车辆故障排除、驾车护车技巧、过户手续办理等全方位的信息，只要用户提出问题，273二手车就能随时做出全面、翔实的解答。

273二手车网依靠便利的微信服务，赢得了广大用户的喜爱，其App应用的下载量也得以突飞猛进的增加。

#商机点拨# 汽车保养维护存在的商机

国家统计局2012年统计公报显示，在全国12 089万辆民用汽车中，私人汽车保有量9 309万辆；民用轿车保有量5 989万辆，其中私人轿车5 308万辆。试想一亿辆车是多么大的市场，无论是汽车养护、汽车用品还是汽车服务，都存在着无限的商机。

4.2.5 婚介服务行为

随着移动互联网技术的不断发展，微信成了人们相亲的一个有趣工具。在相亲会上利用微信的摇一摇、扫一扫等功能，打破了以往相亲会上看会员资料的单调方式，从而提高了相亲会的趣味性和互动性，让年轻人快乐相亲。而且，相亲者信息采用二维码展示，相亲者可以通过扫描二维码，与任何一位中意的相亲会员通过微信沟通，扩大现场相亲者的交际面，基本可以让相亲者有机会认识现场所有的人，打破以往向红娘索要手机号码的局限性。

【案例直击】月老赐婚：打破常规的爱情对碰

以前，人们要相亲只能求助于亲朋介绍，大街上的婚介所、电视上的征婚节目或者在报纸上登寻偶广告。如今，微博上也出现了找对象专业户——月老赐婚。“关注我，会幸福的！很灵的！月老赐婚啦，泄密鸳鸯谱。若求有情人，速速@月老赐婚。”每天，都有几千名单身网友@月老赐婚，请他帮自己找另一半。

月老赐婚的运营者说他当初开这个微博是因为身边的“剩男剩女”太多，他看着着急，“工作之余，做做善事！”

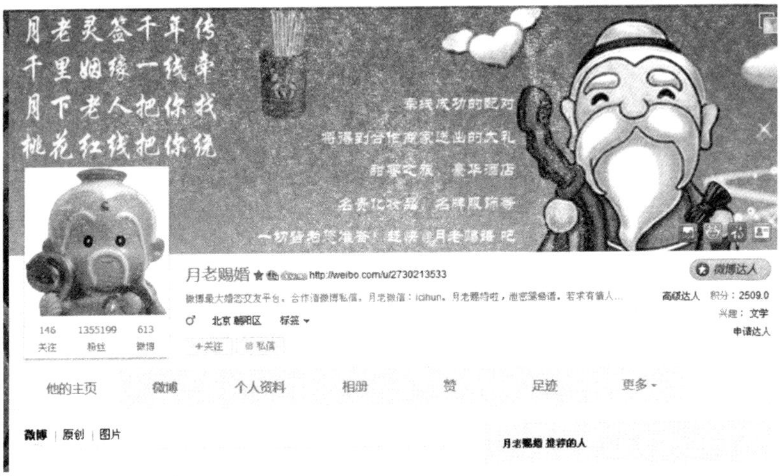

月老赐婚的微博

“要在茫茫人海中找出适合他（她）的人，还要在同一个城市或者他（她）要求的城市。年龄、身高、面貌都要匹配，有时候还对星座有要求。”“月老”每天要花几个小时来研究，先看每个人的自身条件与择偶要求，然后在数万人里找匹配的，再从他们发的微博里推断他们的性格和爱好，最后才得出配对结果，一天大约能配出2~4对。被“月老”配对成功的男女，网友评价说“很般配！这是用心在配对，专业配对！”

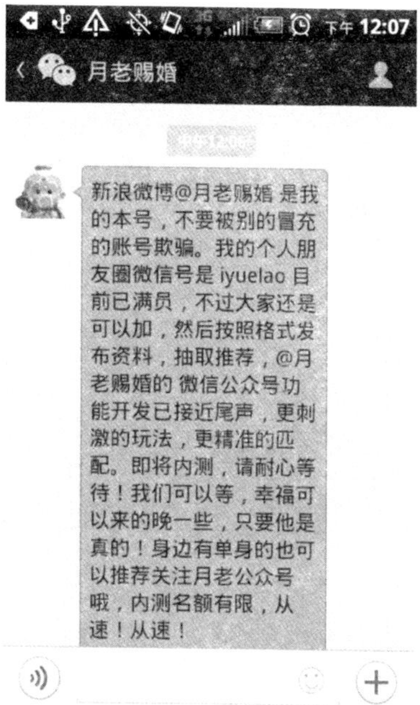

月老赐婚微信关注平台

4.2.6 法律服务行业

工作、就业、购房、买车等诸多方面都存在法律风险，如果不是专业人士，很可能就会遇上各类纠纷。遇到这类问题后，人们习惯向身边的朋友或网友求助，但很难与真正懂法律的人士直接沟通。如果人们能在微信、微博中实现与律师之间的咨询、沟通，这将会是一项非常便民的服务。

【案例直击】绿狗网：便民的法律咨询路线

绿狗网“随时问律师”公众账号面世后，在3个月内获得了2.6万名粉丝，每天平均增加300多个粉丝，咨询量超过1 400次/日。目前，“随时问律师”公众账号设计了“法律产品”、“法律咨询”以及“法律服务”等三个一级菜单栏，并下设多个细分的二级菜单，用户在清晰的菜单指引之下，参与交互的热情大幅提升。“用户的热度超出了我们的想象。与网上咨询或者线下咨询相比，微信一对一的私密沟通方式让用户不再担心隐私问题。”绿狗网 CEO 张馨心预计到今年年底该账号将拥有10万名粉丝。

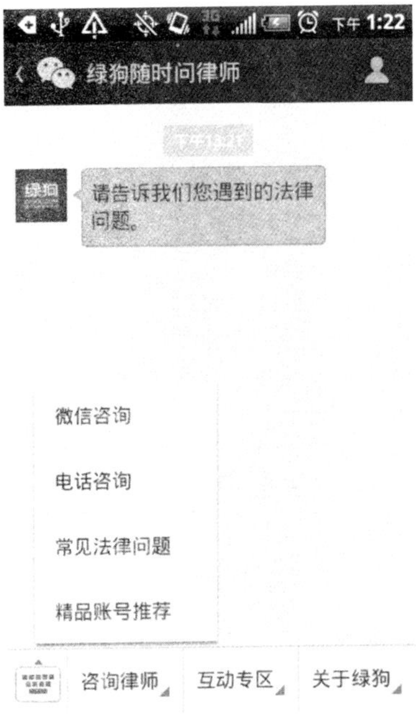

绿狗网便民的法律咨询平台

她最近又有了一个更为大胆的计划：针对知识产权、交通事故、劳动人事等不同细分领域，抢先注册约100个微信公众账号，假如每个公众账号能吸引10万名用户，如此绿狗网将可以服务千万量级的用户。

#商机点拨# 便民资讯，简单高效

现代社会是一个法治社会，我们的稳定生活必须靠法律来保障，不管是严肃的政治、复杂的市场经济还是民众纠纷，不管是亲情、友情还是爱情，都可能会涉及法律问题。越来越多的人选择通过法律手段解决问题，而我们真正了解的法律知识却相当浅薄，遇到一些法律问题时往往束手无策，甚至都不知道应该咨询哪类律师合适，这时人们就非常需要一条有效的法律咨询途径。随着微信这一应用的诞生，各行各业将服务推向了微信，网络交流成为相当重要的方式，昂贵的法律服务也通过微信这一方式变得简单、高效起来。

4.3 微信创业的决定因素

腾讯公司董事长马化腾表示："最近在微信上有一些好的应用，打车、微信卖书、网络小说、自媒体等，微信成为从平台连接内容制造者和终端用户的桥梁，这些都是微信之前没有想到过的商业模式，是由用户自己创造出来的，因此，微信的商业模式会交给合作伙伴和个人。"微信的出现给所有的营销者、自媒体从业者、IT 从业者等带来无尽的想象，思考所及无外乎自媒体分成、游戏、O2O、CRM 等。其实你赚钱的方式远远不止这些。

微信虽然给大家提供了创业的平台，但哪些因素才是成功运营的关键呢？接下来我们就来研究一下这个问题。

4.3.1 提供个性化服务

微信本身不以插件形式存在的功能有：微信、通讯录、朋友圈、设置，主界面右上角有一个魔法棒的图标，创业机会就来自微信点开之后可以增加的其他按钮。随着微信市场的不断扩大，点开这些按钮后，会有更多细分的按钮，体验也会变得越来越好。如果顺着按钮继续点击下去，还会有很多个按钮交由创业者们完成，创业机会包括参考模板、表情、皮肤、数据分析、插件、搞笑表情、微信皮肤、动态头像、变声、视频编辑、地理位置伪装等诸多方面。

【案例直击】佳美口腔：以用户为中心

佳美口腔官方微信是口腔医疗行业微信公众账号中设置最为完善的企业微信之一，也是众多公众账号中唯一可以通过微信直接预约挂号的企业微信。该企业微信大大地提高了客服的工作效率，也真正意义上地为用户着想。微信本身就是一个方便用户沟通联系的平台，而公众账号也应从“便民”的大前提出发，而不是每天不断推送促销信息。一个公众账号之所以受欢迎，无疑是因为它的内容及功能都是人们所需要的。

该账号的“微信墙”很有特色，用户可以在微信墙上畅所欲言，其功能相当于一个简

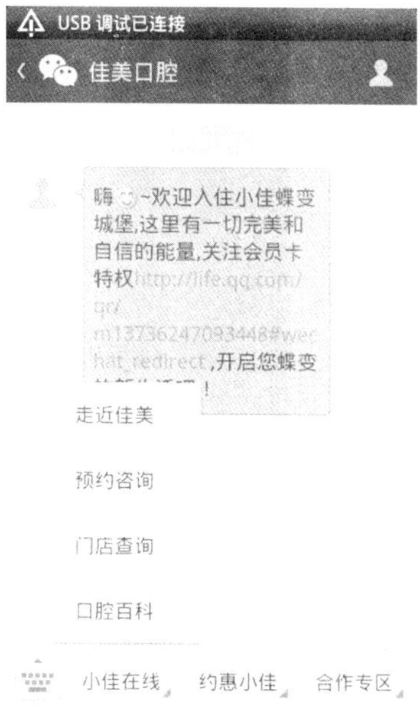

佳美口腔的贴心服务

易的贴吧，所有用户都可以看到自己在墙上的信息，也可以看到别人的信息。微信墙升级过后，用户可以通过“小纸条”给墙上任何一位“趴墙”好友发送私信。“口腔百科”此栏目还在不断补充和完善中，用户回复关键字如“牙痛”，即可获得相关的百科信息。

4.3.2 建立应用开放平台

以公众账号为通行证的应用开放平台，对于从事媒体内容打造的人才来说是一个机会，用户能阅读多媒体内容、查询有价值信息、购买感兴趣的商品、参与数字娱乐和体验便捷的本地化服务等。其中，类似移动梦网模式的“内容出版与发行”适合媒体用于用户订阅和阅读，也适合广告、公关和营销公司用于推广宣传，还适合企业为忠实用户提供最新公告信息等诸多方面。冷笑话等公众账号是这种门类中比较成功的典范。

类似传统的呼叫中心、CRM、OA 等系统可以对接、移植和扩展到微信平台上，甚至能通过各种接口延伸到硬件层面，实现物联网的诸多应用。卡小二、印美图和招商银行信用卡等公众账号是这种门类中比较成功的典范。

这里的项目之多、品类之广可以无限想象。受制于淘宝和百度的各行各业的创业者，都能够参与微信生态链的建设并从中受益。

【案例直击】Ucweb：双十一营销组合拳

2013 年 11 月 11 号那天，微博里最热门的话题就是“淘宝双十一”和“光棍节”了。与往年只有各大电商彼此鏖战的状况不同，各大浏览器在那年也加入了这场推广营销战争。其中手机占有率最高的 Ucweb 采用热门视频、手机桌面和光棍节表白闪屏等方式，开展了一场声势浩大的组合营销。

首先，Ucweb 迎合“光棍节”和“双十一”购物这两个热点，有针对性地推出热门视频“唐伯虎的脱光口技”，该视频其实是 Ucweb 推出的比价插件的广告，但因为文案有趣，配音也很传神，加上 Ucweb 的强推，所以很快便获得了惊人的转发量。

接下来，Ucweb 再接再厉，发出一张“手机桌面的电商大战”的 gif 动图，该图利用用户对电商在“双十一”铺天盖地宣传的疲劳心理，结合 UC 浏览器比价插件功能，再次获得极高的转发量。

虽然大家一看就知道这些视频、动图都是 Ucweb 推广其比价插件的营销手段，但由于既有创意又有趣味，因此用户并不排斥。当然，仅靠创意是不够的，移动互联网时代，技术一直在变，人性却没变多少，因此，Ucweb 在微博举办了“10 万寻找良心降价商品”的微博活动，用重金赚人气。在 10 万元奖金的刺激下，该活动很快达到了 600 多万的曝光量。

4.3.3 建立数据开放平台

所谓数据开放平台，是指微信在确保安全、稳定、快速的前提下，将把数据、数据关系和数据运算等开放给创业者。

数据开放平台不会是任何创业者都能参与的机会，它对产品的品质以及利用数据做推广时的用户体验会有相当苛刻的要求，而且平台越成功，要求就越严格。游戏会作为种子和试点率先接入开放平台。微信上有一款 HTML5 小游戏“青蛙跳跳跳”，虽然很简单，但是玩的人很多，游戏页面上有一个 App 应用推荐和公众平台推荐入口，这个算是微信游戏应用的起步。相信将来微信的账号授权机制出台后，会有更多优秀的 HTML5 游戏出现。

一旦游戏接入立稳，微信就能在让 99% 的用户享受免费服务的同时，循序渐进地接纳新的创业合作者，逐步完善商业生态体系。

4.3.4 推送 App 体验版

微信可以成为很多手机 App 的体验平台，进而成为下载入口。以前微博最火爆的时候，很多应用通过微博获取到了大量免费的流量，微信也有这个功能，但是玩法会不一样。原来在微博上可能是通过营销，而到微信上，比如创业者做的是一个工具，现在可以让用户扫二维码关注微信账号，在微信里体验产品部分功能，然后就可以去引导用户下载了。比如最近很火的“微信路况”，其实就是车托帮 App 在微信上做的一个简易版，用户体验好了可以直接点击下载。当然用户也可以直接做个 App 推荐的公众账号，花点心思隔三差五地推荐点好应用，这样也会获得不错的收益。

【案例直击】西门子：时尚厨房功能多

西门子开发了一款生活应用类软件叫做“西门子时尚厨房”，实用性很强。它在软件介绍里就充分强调了自己的实用性：“你能想象有朝一日，因为有它，你无须再翻阅纸质菜谱，弹指之间便能烹制精致美食；你的厨房从此与众不同，成为了你时尚家居生活的中心！”它最初发布的版本共有五大板块：推荐菜谱、视频饕餮、定制食谱、时令美食和微博分享。在积累了相当的人气后，才在后来新发布的版本里增加了产品介绍和品牌直营店两个板块。

西门子的美味厨房

“西门子时尚厨房”介绍了各种美食的做法，从食材的挑选到每个烹饪步骤都十分详细，让用户不再为自己的厨艺感到烦恼。同时，它的设计也很精美，用户体验上佳。其内容分为四个方面，左上方是美食图片，右上方配有详细制作说明；左下方则是该美食的简介与材料说明，右下方则会推荐制作这款美食的厨具。

4.3.5 设置垂直化或区域化的简易搜索

地理位置数据服务在营销上也发挥着重要的作用，同时，企业借助这种方式开展营销，并且取得了良好的效果。

利用这一功能进行营销源于 Pew 的一项发现。Pew 通过调查研究发现。74% 的智能手机用户和 46% 的成人手机用户访问地理位置信息服务，这一服务让 Pew 开始涉足地理位置数据服务营销，增强了 GPS 的地图服务功能，并通过 App 或浏览器提供本地点评网站服务等。这种营销模式取得了非常好的效果，更多的企业开始借助这种模式进行营销。这种营销模式是建立在 LBS 上的，也就是我们常说的基于地理位置的服务。

微信也把这种服务运用到营销中去，开发了“查找附件的人”“摇一摇”“漂流瓶”等以 LBS 为基础的功能。依靠这些功能，微信可轻易通过手机 GPS 服务获取用户的地理位置信息，用户在分享最新动态时勾选地理位置，企业就依靠这种方式获得精准营销的信息。微信利用地理位置数据进行营销，依靠的是精准的定位导航。地理位置数据服务市场竞争比较激烈，而要想在这场激烈的竞争中取胜，就要有特色的服务，微信定位导航做到了这一点。

微信作为新时代最具代表性的即时通信工具，也把 LBS 业务的作用发挥到极致。微信的这一功能为企业营销提供了便利，他们可以通过 LBS 精准定位用户所在的位置，同样可以通过微信即时通信的特色与周边的人进行对话交流。因为微信有最强的定位导航，所以它成为许多企业进行营销的首选工具。

【案例直击】出门问问：生活实用搜索引擎

“出门问问”（微信号：chumenwenwen）是一个线下生活信息的搜索引擎。它最大的特色就是完全接受语音输入，通过分析用户的意图来给出精准的搜索结果。这些特点也符合了手机输入不方便、搜索场景碎片化、信息显示空间有限的特点。出门问问这个微信公众账号的互动性和实用性很强，抓住了移动搜索上人们需要“简单输入”和“精准输出”的需求。试想一下，如果你在开车的时候突然要找加油站，或在出差时查查最晚一班动车还赶不赶得上，又或者不认识路了要立刻导航到某餐厅，通过语音输入就能立刻获得信息，那确实很有意思很方便。这个案例也说明微信应用其实不只可以走轻量级路线，更可以大胆做出“出门问问”这种实用的生活搜索引擎。

4.4 微信创业的十大禁忌

4.4.1 盲目乐观

很多人看到微信用户不断猛增就蜂拥而至，东拼西凑个公众号出来，以为那么肥沃的土壤，即便插根竹竿也能开出几多娇艳的花来，可事实是很多人插的“竹子”连芽都发不了。

这是因为虽然微信用户有好几亿，但目前玩公众号的连5%都不到，微信官方还没有大规模地推广公众号，而且这5%的用户你也不知道在哪里以及怎么找到他们。微信官方至今连个微信公众号导航都没有，这也是饱受微信创业者诟病的地方。理想和现实往往是存在差距的。

4.4.2 过分迟疑

另外一个极端是，很多人虽然关注这块很早，却一直只在默默关注，而并未采取任何行动。我们把微信理解为“拥有熟人社交关系的跨平台 App Store”，一个 App Store 已经非常牛了，再加上熟人社交关系这条传播通路，而且还横跨 ios、Android、Windows Phone 和 symbian 多个平台，这样的平台创业机会真是千载难逢！而现在正是微信平台的排位赛阶段，虽然跑了排位赛不一定能晋级，但不跑一定没机会，对小团队来说则尤其如此！

4.4.3 夸大对封号的恐惧

“我辛辛苦苦把一个号做起来，万一微信说封就封了，我到时找谁哭去?”这是很多人考虑再三，最终没有选择在微信上大展拳脚的主要原因之一。其实这是对微信团队的误解，当然也不排除有人刻意混淆视听。之前微信的确封过一批号，但就在前几个月很多违规不严重的号又被解封了，而且现在管理业倾向于越来越宽松，毕竟水至清则无鱼，只要不是涉黄或者互推明显，几乎不可能封号，而且即使封了号，只要你是诚心在微信上为用户服务，也一定能够解封。

4.4.4 用做 App 的思路来做公众账号

很多做微信号的团队都是从 App 转过来的，所以很多人沿用了做 App 的思路，但其实两者的差异非常大。

就我们的理解，微信平台最大的优势是互动性更强，最大的劣势则是展示空间有限，而 App 正好相反。简单来说，微信上更适合非常简短地跟用户对话，而我们却看到很多微信的公众号要么只会每天给用户群发消息，要么消息回得又长又没有实质内容。

4.4.5 把公众账号理解为每天群发消息的工具

很多人把公众号简单理解为每天群发消息的工具。如果是媒体类公众号这样做当然没有问题，因为媒体的属性本来就是单向推送的，但其他行业在营销时应该是双向互动的，如果也按照媒体的做法依葫芦画瓢，实在是不合时宜的做法。

微信公众号除了每天能群发一条或多条消息，还能根据用户的输入有针对性地回复消息。每个用户的需求不一样，而如果群发同样的消息，肯定是众口难调，如果总是满足不了用户的口味而又推送过于频繁，不被取消关注才怪。

4.4.6 过于强调人工回复的价值

如果是把微信公众号当成是电商客服，尽力做好人工回复当然一点问题也没有。但问题在于很多人过于强调人工回复的价值，费时费力却不一定能取得理想的结果。

有些人认为，既然微信的最大特性就是对话，那我们就每天人工回复用户消息，用户铁定满意。结果是，用户的确很满意，但我们一天到晚除了回复用户消息啥也干不了，捡了芝麻丢了西瓜，白白损耗了大量的人工价值。

4.4.7 将微信当成营销的全部

当今社会是一个多元化发展的社会，营销方式同样如此。虽然目前微信营销炙手可热，但是我们必须明白，营销手段并不是只有这一种，除此之外还有电话营销、软文营销等多种方法，只有将这些方法与微信营销有机组合在一起，才能扩大营销范围，有效达成营销目标。因此，不要过度依赖微信营销，要多管齐下，合理运用每种营销方法。

4.4.8 超大量推送内容

微信推送消息是有条数限制的，所以有些公众账号就会在单条微信中注入大量内容，想要借此让用户看到更多内容。殊不知，这种长篇累牍的消息很容易引起用户反感。要知道，主动权是掌握在用户手中的，当你的消息无法契合用户的心意时，用户就会取消对你的关注。因此，我们要选取精良的内容，有效利用图片、音乐等元素，为用户打造富有创意、舒适的阅读体验。

4.4.9 将消息内容定义为广告

如果你认为微信就是免费的广告平台的话，那你将很难获得成功。要知道，用户是不会对一个只会“发传单”的公众账号感兴趣的。如果所发信息没有实质性的内容，那么结果只会是被用户从关注名单中除名。因此，我们必须正确认识微信公众平台，为用户推送有价值的消息。

4.4.10 迷信粉丝量

粉丝数多对于公众账号来说的确是一件好事，但是并不代表这个账号一定可以营销成功。因为只有真正的目标客户才会为我们创造价值，所以我们必须注重粉丝的质量。这就需要营销者推送广大粉丝喜闻乐见的消息，及时与粉丝互动，用创新和真诚来增加粉丝数量。一定要牢记，只有提高粉丝质量，才有机会将其中的商业价值转化为利润。

第5章

传统企业如何玩转微信

5.1 传统企业应该如何做

在当今这个高速发展的信息时代，传统企业要想赢得客户，光有好的产品是不够的，还要懂得如何将自己推销出去。而微信作为颇具营销潜力的平台，让传统企业开展营销多了一种选择。很多传统行业也越来越注重微信推广，各种机构也纷纷打出“微信营销”的大旗。

因为随着移动互联网的快速发展，有些传统的营销方式已经不能适应时代的要求。传统的营销方式存在一定的弊端，高昂的运作成本是中小型企业品牌营销难以承受之痛。微信作为一个低成本、高效益的突破口，为传统企业解决了这个问题。那么，传统企业如何利用微信营销获得良好的营销效果呢？

5.1.1 对新老客户进行分类

大部分卖家的微信公众号推广都是在线上进行的，客户来源难免鱼龙混杂，要想提高店铺的转化率，就必须做好新老客户的分类，进行个性化信息推送。虽然目前微信公众平台的现有功能还远远不能满足电商的需求，但只要一个分组功能就可以让我们达到一定的预期效果。比如，在将优惠信息生成二维码时，可以提前设置好客户的获取方式，客户扫描二维码后，只要是新客户回复“新”、老客户回复“老”即可获取优惠信息。然后我们再根据客户回复对其进行分类并添加备注，以便日后调整和更新。

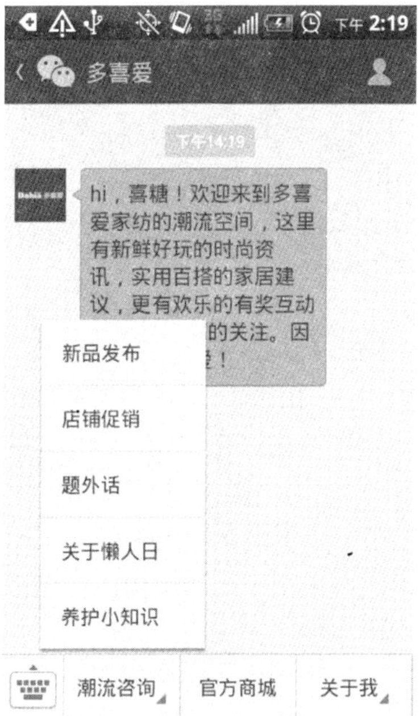

多喜爱的微信平台

【案例直击】多喜爱：免单豪礼送不停

2013年9日30日至10月14日，多喜爱家纺举行14周年庆，在全国开展了主题为“来吧，免单”的“十一黄金周”大型促销活动。活动期间，顾客到多喜爱门店购物满300元，关注多喜爱微信平台，在平台设置的对话框输入小票单号即可获得一次抽奖机会，从奖品中就可以看出多喜爱家纺对用户的浓浓诚意。据悉，此次除了大量免单名额外，多喜爱家纺还为消费者准备了数十部三星智能手机。每天多喜爱家纺官微都会公布前一天的中奖名单，充分做到了有理、有据、公开、公正，从而吸引了越来越多的消费者参与到活动中来。

5.1.2 抓住免费广告位

基于强关系的微信用户黏性远大于微博，用户的关注和取消更自由。当店铺（无论线上还是线下）有新活动举行，当粉丝发现自己喜欢的物品时，会很乐意把它们分享到自己微信上的朋友圈和微群。比如一个时装鞋卖家，以所卖的鞋子款式独特而闻名。他会定期把优惠活动推送给粉丝，并且提醒他们把活动分享给自己的好友，对于爱鞋一族来说，还有什么比花更少的钱买到更多漂亮鞋子更具诱惑的呢？当他们将信息分享出去后，实际上他们的微信就成了这位卖家的一个个小广告位。一传十、十传百的口碑营销，带来店铺流量的持续上升，且因朋友间的相互信任，新客户的转化率会非常高。

【案例直击】螺蛳粉先生：抓准客户，低成本营销

北京宇祥福晟餐厅通过“螺蛳粉先生”这个账号开展的微博营销就是个很好的小企业低成本营销案例，餐厅所作的仅仅是每天发几条有趣的微博，并及时更新每日餐谱。成本低不代表效果差，通过微博，该餐厅精准地抓住了自己的目标客户，这是一种低成本的精确营销。除了精确定位，“螺蛳粉先生”还通过互动成功地与用户形成了紧密的联系，从而培养了一大批回头客。

“螺蛳粉先生”会转发粉丝的微博，并加一些小提醒、小贴士之类的评论，让粉丝感受到这家餐厅的温暖，同时，该账号还会时不时发一些关于餐厅的好看的或有趣的照片，通过不断增加曝光度来培养粉丝对自己的忠诚度，这些小细节都值得其他中小企业借鉴。

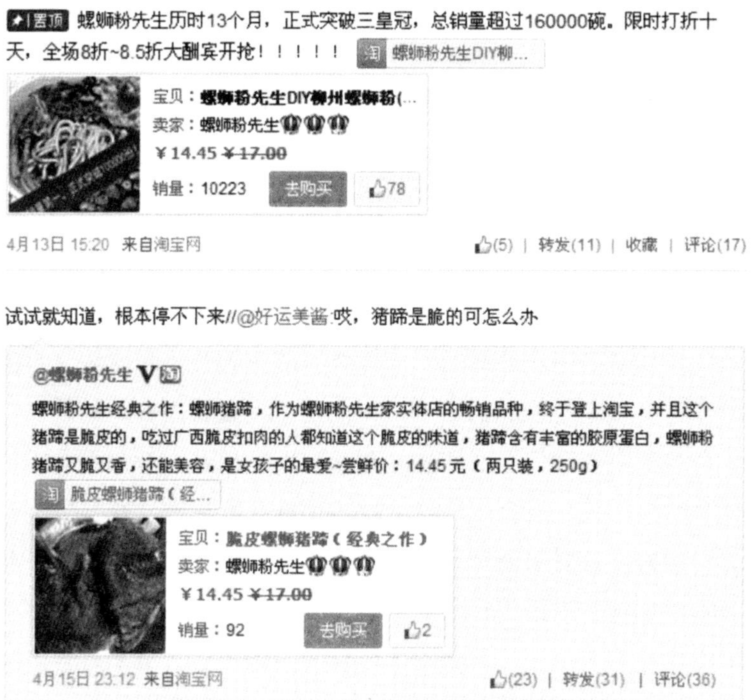

螺蛳粉先生的微博营销

5.1.3 结合地理位置

为什么微信能成为继 QQ 之后最火的互联网产品？因为设备动起来了。所以，地理信息一定要用起来，哪怕是给附近的人推送，都比只给粉丝推送更有价值。有大量分店的品牌，特别适合这种微信营销方式。

【案例直击】嘀嘀打车：方便群众，富有自己

嘀嘀打车就是基于微信的地理位置服务功能而出现的一款应用。这个应用一经推出就吸引了大量知名投资机构前来投资，在三个星期的时间内关注人数已经上升到5 000多人，而利用这一应用打车的用户更是数不胜数。这个应用的出现不仅提升了公司的品牌知名度，给公司直接带来了经济效益，还给百姓提供了更多的便利，可谓是双赢的一次尝试。

为了实现更加便民的服务，嘀嘀打车应用中还可以实现打车免单、打车享受折扣的优惠。该公司更进一步与支付平台合作，打车即可在支付平台进行在线支付，使得项目的开展更加顺利，涉及范围也进一步扩大。

5.1.4 在互动上多下功夫

微信营销的重点不在推广，而在运营。也就是说传统行业利用微信进行营销，关键不在于如何推广自己的产品、品牌，而在于如何去运营。运营是一个比较复杂的过程，包括很多方面的东西。

第一，要有一个定位精准的公众账号。定位精准是开展微信营销的第一步，因为只有定位精准，才能得到客户的持续关注。

第二，单次推送要适量，要用内容服务来引导用户。微信订阅号每天只能推送一次消息，而服务号更是一个月才能推送一次消息。所以推送内容的质量直接影响着营销效果，图文最好都不要过多，要加上导语和内容标签，便于快速浏览，为用户节约时间和流量，这样就不会导致用户因为反感而弃之不看。

第三，要设置好目标关键词，与用户展开互动交流。微信营销的核心在于沟通与服务，传统企业在利用微信营销的时候，更要慎重对待每一次求购和投诉，做到及时回复、妥善解决，同时还可以通过设置关键词的方式来和用户进行互动沟通，这样就能减轻客服的压力。

第四，要为用户解决实在的问题，而不仅仅是简单地推送广告。要考虑微信公众账号能为用户解决什么问题，怎样才能满足用户的需求，如此，营销的效果也有了保障。

第五，策划个性鲜明的小活动。没有人喜欢赤裸裸的广告宣传，如果能够用策划小活动、小游戏的方式来进行广而告之，营销就能产生良好的效果。

【案例直击】北京电商联盟：注册人数增加2.7倍

2013年，北京电子商务协会联合30多家在京大型电子商务品牌企业举办“点击消费2013”活动，这次活动采用了微博、微信等新兴社交工具吸引消费者参与，并开展了“点击消费微博火炬传递有奖转发”的连环促销活动。

这项活动取得了非常好的效果，活动举办两个月的时间，共吸引了近20万消费者参与，官方微博用户量突破了25万人，仅仅发放奖品及各类优惠礼券的总数就超过了一万。各活动网站新增注册人数7 600万，人数整整增加了2.7倍。

这项活动之所以能够取得这么好的效果，就是因为“有奖促销”在起作用。有奖促销作为一种凝聚人气的方式，历来受到广大消费者的喜欢。此次有奖促销活动，开始的是连环促销活动，没有用户能够能经得住如此大的诱惑，所以，通过这次活动吸引了大量的用户，迅速为企业积累了人气。

5.1.5 利用好各种微信接口

对于传统行业来说，要想利用微信进行营销，就要勇于创新。企业要善于用创新的方法建立微信公众平台，用于产品和厂房的展示，并力争达到立体化、可视化、真实化的效果。同时也要用这个平台来做微展示、微客服，把这个平台当成用户了解企业的微平台，从而在无形中提高企业用户的转化率。

企业还要将自己的产品或服务巧妙地融入到各种内容创新之中，其中也包括互动环节的设置。假如能够推出一个有创新点的互动游戏或者有创新思想的小活动，不仅能引来更多的有效关注，还能稳固现有用户。

【案例直击】中搜搜悦：以热点推进营销

为了迎合微信用户的好奇心理，中搜搜悦第一时间推送观众迫切需求的新闻猛料，满足用户的诉求。另外，搜悦用户还可以去搜索、订阅自己关注的人物、事件或产品。

2013年春晚刘谦表演了一个魔术节目，中搜搜悦第一时间在微信公众账号发布刘谦魔术揭秘文章，并在微信群和公众平台进行推广。各大公众账号及网友对该文章进行转发及分享的次数达到10万以上，取得了非常理想的营销效果。

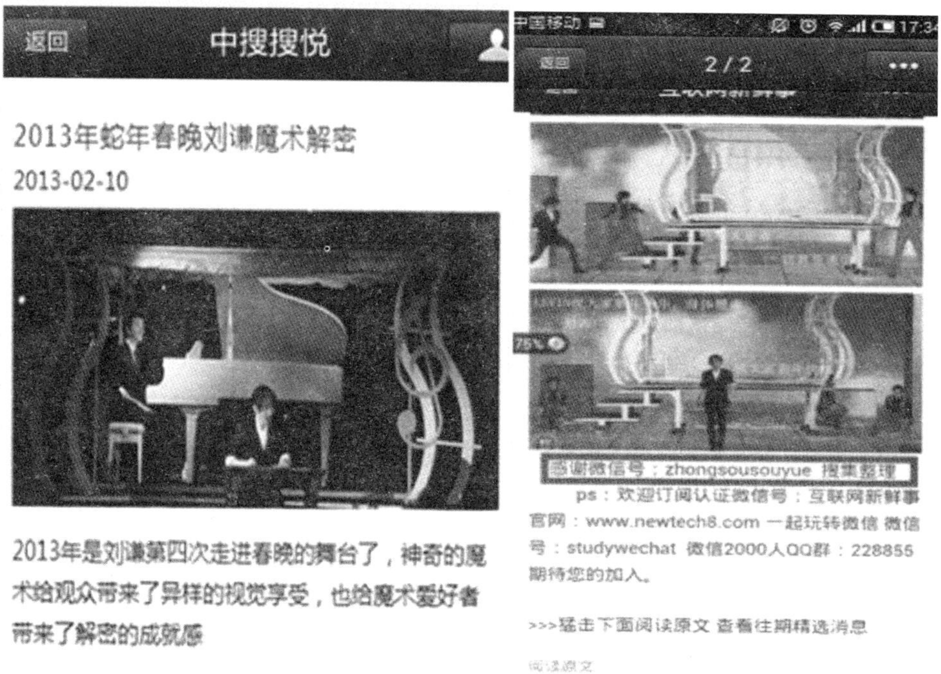

中搜搜悦的热点营销

5.2 化妆品业微信营销攻略

5.2.1 化妆品业的微信运营之道

提及化妆品，消费的主力军一定是女人。女人大都很感性，所以她们的消费行为也容易被心情所左右。好的微信营销总能触及女人最敏感的神经，让她们开开心心地付钱购物。

一般来说，化妆品企业每年会推出多个市场营销策略，只有将这些营销策略大范围地发布出去才能够实现企业的营销目标。这种情况下，微信、微博就能够真正派上用场。微信具有按省份、城市将用户进行分类的功能，基于此，化妆品企业可以轻易地将相应的促销信息和合作零售商告知给相关的用户。这样做既能够把促销内容尤其是针对某个区域市场定制的促销内容传达给当地消费者，又可以帮助零售商做一次精准宣传。

微信在维系客户群、促进用户购买产品方面的效果很受认可：化妆品企业在运用微信进行促销的时候，服务一定要及时、热情、到位，对用户提出的问题都要热心解答，并定期发送小贴士、小祝福、注意事项等贴心的服务信息，这样才能更加博得用户好感。

1. 考虑企业营销的定位

企业做微信营销的目的是希望通过微信平台让消费者对品牌形成印象，与消费者建立联系，从而为品牌和企业创造更多的价值。化妆品业微信营销定位应从内容入手，选择好营销目标，确定好目标人群。例如，营销目标是卖货还是打品牌，为什么要做微信营销，怎样做微信营销，这些问题在操作之前一定要考虑清楚。

2. 营销内容更加实用

化妆品业微信公众号通常是每两三天会发送一次与化妆品、美容、瘦身等有关的且目标群体喜欢、需要的实用信息，比如怎样瘦腰、怎样去黑眼圈等。内容一定要短小、精悍、实用，有创意和趣味性，发信息的频率不能太高，以免接收者厌烦。另外，化妆品企业在利用微信营销的时候要回答用户提出的与美白、护肤品相关的问题，所以客服人员对相关知识要很熟悉，以便及时为客户提供参考。

3. 利用多种渠道获取用户

二维码可以帮助企业快速获得用户的关注，用户只要使用微信中的“扫一扫”功能，就可以轻松地关注企业的公众账号，免去了查找、搜索等烦琐的步骤。为了让用户成功获取企业的二维码，企业需要在各个载体上将自己的二维码展现出来，产品本身、产品包装、产品宣传品等都是展示二维码的极佳载体。

4. 让消息裂变传播的分享

用户对化妆品业最感兴趣的内容除了化妆品产品和品牌本身之外，还有其他用户的口碑评价和护肤方法。由此，我们看出化妆品营销的背后就是用户之间的分享，这是一种裂变增长的模式。

微信的出现给化妆品企业提供了极大的便利，化妆品企业在进行微信营销的时候一定要注意尽量为每位用户提供个性化的护肤方案，让大家发现最适合自己的化妆品及肌肤美丽方案。

5. 以话题引发互动

“微信是点对点转播，阅读率大于30%；微博很容易淹没在海量信息中，阅读率仅在1%～4%。”与微博需要数量较多的粉丝不同，使用微信的过程中最重要的并不是粉丝的多少，而是互动程度如何。微信公众账号需要与目标客户群多互动，为用户提供有价值的信息，取得用户的信任，这是做好营销的前提和基础。

企业还可以提出一个能够引发人们关注的话题，并将化妆品企业的品牌理念、文化与话题相结合，以实现企业产品营销的目的。值得注意的是，微信是一个分享平台，将具有实用价值和有针对性的美容方案分享出去，并与粉丝互动，才能够达到理想的营销效果。

6. 可多方利用的会员制

现在几乎所有的化妆品专营店都会实施会员制。但是很多人对会员制的认识往往局限于打打电话、推送一些促销活动消息或者积分换取会员奖励而已，而实际上会员是一个连串数据。

微信平台能够给商家自动整理出一系列数据，这对了解会员消费轨迹、日后开展精准营销具有很重要的意义。

在利用微信会员卡营销的时候，一定要对目标客户进行情感营销，如逢年过节推送一些祝福信息、上新产品的时候及时告知、定期推送会员优惠政策等。

5.2.2　化妆品业成功的微信营销实例

【案例直击】理肤泉：线上线下协作赢取粉丝

2013 年 6 月到 7 月，理肤泉发起 50ML 装舒缓喷雾小样派发活动。这次小样派发活动与以前的小样派发活动有很大差别，最主要的是运用了微信服务号。活动流程是用户通过微信在线上申请小样，申请成功的用户可以到线下实体店领取小样，在用微信把线下的消费者信息返回到品牌的数据库中，实现了 O2O 闭环。

理肤泉的微信平台

理肤泉发起的这次活动充分利用了微信智能系统，把小样申领的关键步骤进行有效、有序的连接，直接带给消费者更新鲜、更便捷的互动体验，这也是本次活动能够吸引众多粉丝的重要原因。

这种线上线下协作的营销方式，赢得了众多用户的喜欢，他们也逐渐变成理肤泉的忠诚粉丝。

5.3 餐饮业微信营销攻略

5.3.1 餐饮业的微信运营之道

微信营销对于餐饮行业来说是新兴事物，它本身也在不断地发展。目前，很多餐饮企业通过微信“附近的人”功能查找、添加目标客户，并通过朋友圈宣传自己的企业文化、新产品等，这样不仅能够给企业提升业绩，也给企业增加了一条新的营销渠道，在增加餐馆知名度和美誉度的同时，也给企业带来了更多商业合作的机会。

1. 双账号推送策略

企业每天都要对群发的信息做一个安排，准备好文字素材和图片素材，可以是最新菜式推荐、饮食文化、优惠打折等方面的内容，还可以针对新老客户推送出不同的信息，同时也方便回复新老客户的提问。这种人性化的贴心服务肯定会受到顾客的欢迎，用户也会利用微信平台分享自己的就餐体验，进而形成口碑效应，大大提升商家品牌的知名度和美誉度。

2. 多形式吸引粉丝关注

店面是企业的大本营，在设计菜单、桌布、餐巾纸的时候印刷上二维码，便于来店就餐的人关注餐厅的公众账号，有助于积累一大批实际的消费群体，对后期微信营销的顺利开展能够起到至关重要的作用。

3. 以活动吸引用户参与

微信营销比较常用的方法就是以活动的方式吸引消费者参与，从而达到预期的推广目的。餐饮类商家可以借助线下店面的平台优势开展活动，所需的广告耗材成本和人力成本相对来说并不是不可接受的。而且如果有了缜密的计划和预算之后，就完全能够以小成本打造一场效果显著的活动。

以签到打折活动为例，商家只需制作附有二维码和微信号的宣传海报和展架，配置专门的营销人员现场指导到店消费的用户使用手机扫描二维码、关注商家公众账号，即可收到一条确认信息，消费者凭借该信息在埋单的时候就能享受优惠。为防止出现顾客消费之后就取消关注的情况，商家还可以在第一条确认信息中说明后续的优惠活动，使得顾客能够持续关注并且再次光顾。

5.3.2 餐饮业成功的微信营销实例

【案例直击】呷哺呷哺：寻找目标群增加曝光率

火锅连锁品牌呷哺呷哺非常重视移动互联网给企业带来的各种机遇，并且在企业内部挑选了专职人员负责此类型项目。呷哺呷哺与多个App客户端展开了合作，如此做可以让优惠信息更精准地传递到潜在消费人群中。特别是在与微信合作后，呷哺呷哺在短时间内聚集了25万微信会员粉丝，这个专属人群是纯粹的呷哺呷哺消费者，这些消费者为呷哺呷哺的宣传起到了很重要的作用。

呷哺呷哺扫二维码微信营销活动

不同发展阶段的企业，其需求也是不同的，有的是需要稳定客群，有的是需要精细化营销，有的是需要提升品牌影响力。而微信因其信息传递的精准性、便捷性等特点在餐饮行业精细化营销、品牌传播等方面起到越来越重要的作用。

5.4 旅游业微信营销攻略

5.4.1 旅游业的微信运营之道

旅游业是典型的注意力经济，营销是旅游业的重中之重。微信是手机互联网时代的主要沟通工具，从营销的角度来看，任何旅游企业和组织都不能无视它的存在。因为它标志着网络营销已经进入移动互联网的新时代，继续忽略或无视微信这一新兴营销渠道，对于企业的发展来说是很危险的。不久的将来，微信必将成为旅游企业服务客户的一种主要工具。

1. 优化内容，激发用户口碑效应

旅游企业在发布旅游信息、广告信息和相关的旅游促销活动时可以附上企业的二维码，当有用户关注企业公众账号的时候，企业就可以将活动视频、宣传文字、景区图片等信息通过微信平台推送到用户的移动客户端上，这是一个低成本、高收效的营销策略，还能够激发用户的口碑效应，通过用户的分享扩大企业的影响力。

旅游攻略无疑是最佳的推送内容之一，旅游攻略中富有诗情画意的景点图片能够吸引大量用户。旅游企业的宣传内容在吸引人们眼球方面具有得天独厚的优势，但企业也不能掉以轻心，选择推送内容时也需要精编细作，这样才能够满足用户越来越挑剔的眼光。

2. 推广活动以提高用户活跃度

开展微信推广活动时，需要在活动规划前先了解微信用户的属性，进行市场调研后再全方位预热推广，微博、线下广告、官网等多渠道发力。活动期间，需要有专门的客服在后台记录和解答问题，引导用户积极参与活动，并通过自定义回复接口不断推送活动参与说明，这样更加有利于用户的快速参与。

根据自身微信公众号的定位可以植入与品牌相关的问题，也可以联合多个相关品牌一起植入营销，提供多款各品牌产品以提升中奖率。此外，要抓住节日时效性活动营销热潮，活动的策划要尽量与热门事件结合。

3. 精准营销，让潜在用户浮出水面

所谓精准营销，就是有针对地、可持续地将需要传达的信息直接推送给目标用户。而在微信的公众平台上，因为用户是自主关注品牌的微信公众账号的，用户对品牌有一定的认知度，针对这些用户定向推送内容，必将会有很高的转化率。

5.4.2 旅游业成功的微信营销实例

【案例直击】去哪儿网：O2O 折扣式营销模式典范

去哪儿网是中国领先的旅游搜索引擎，全球最大的中文在线旅行网站。去哪儿网创建的目的是为中国旅游消费者提供全面、准确实时、可靠的旅游产品查询和信息比较服务。为了扩大品牌影响力，去哪儿网也开始借助微信平台来发力。

去哪儿网微信营销海报

2013年4月，去哪儿网携手随视传媒推出呼叫中心式的微信客服，在国内，这是第一家把呼叫中心功能搬到微信上的OTA品牌。去哪儿网之所以利用微信这个平台来开展服务，就是因为微信的强关系交互，以及简便的第三方登录能力。依靠微信这两种强大功能，去哪儿网推出了“一扫分享”和“优惠券云卡包”等O2O折扣活动，这些活动对用户做旅游决策和购买旅游产品是非常有利的。除此之外，去哪儿网还利用自定义菜单为客户提供了其他实用性非常强的服务。去哪儿网微信客服一经推出就取得了良好的效果，每天增加的用户数量都超过了2 000个。

除了微信客服外，去哪儿网还利用微信为客户打造一种规模小、针对性高的服务系统。它的活动对象只限于微信好友，比如，不断推出的旅游产品O2O折扣抢购活动。在每次活动前，去哪儿网根据城市、性别、偏好、消费记录、咨询记录等筛选出目标客户，并向这些目标客户发出邀请。这种具有高针对性的产品促销活动取得了非常好的效果，曾经仅用了两个小时就卖掉了15万的旅游产品。

【案例直击】艺龙旅游网：大量互动的旅游平台

作为国内领先的旅游网站平台，艺龙旅行网在微博领域的营销一直被人们津津乐道，而在微信营销领域，据了解，其开通的艺龙旅行网微信公众号也是在深入运营后获得了不菲的回报，订阅用户高达几十万。艺龙方面表示，他们的微信公众号对旅行者就是“说走就走的旅行神器”，要提高粉丝对自己公众号的兴趣，培养粉丝的阅读习惯，就需要提供更新频率较高的内容。在艺龙看来，微信营销除了强功能＋精内容之外，还需要有热门的活动，这样才能增强互动的效果。艺龙的具体做法主要有以下几点。

首先，要做好微信公众号的内容定位。内容定位要建立在满足用户需求的基础之上，包括休闲娱乐需求、生活服务类的应用需求、解决用户问题的实用需求等。对艺龙旅行网来说，其微信公众账号采用和微博一样的定位，即作为向旅行爱好者提供服务的平台。因为推送次数宝贵，他们减少了心灵鸡汤类的推送，其推送的内容多为高质量的原创文章或者转载率高的热点话题。

其次，灵活利用所有线上线下推广渠道。艺龙旅行网在多个合作的酒店、机场放置印有自己微信公众账号二维码的海报、易拉宝，通过“扫一扫享优惠”的方式吸引了大量新增订阅用户。同时，他们也在微博、人人网等平台都加上了微信公众账号的宣传，在其发布的内容中也多次通过文字、图片植入关注微信公众账号的信息。另外，它在自建的多个 QQ 群内的推广也获得了立竿见影的效果，特别是那些订阅用户的忠诚度会非常高。

再次，搭建自定义回复接口，进行智能对话。自定义回复接口的想象空间超出我们的预期，艺龙旅行网的微信公众号里就内置了不少智能对话服务。通过发送“攻略”关键词就可以返回预设的旅游攻略，查天气、查列车、查景点同理。据了解，有很多用户通过这些功能来和微信公众号大量互动，并提出了不少宝贵的修改意见，艺龙根据这些意见逐步丰富和改善了服务内容。

最后，策划大型有奖互动活动，充分发挥微信作为优质活动推广平台的作用。由于微信的主属性就是沟通属性，所以特别适合做活动，对于旅游行业也是如此。艺龙旅行网在某些活动期间与用户的日均互动超过 50 万次，实际上有些活动只是从微博上搬到了微信上，但是没想到微信上的互动数据大大超过微博的互动次数。艺龙旅行网策划过一次非常成功有效的微信有奖活动，活动的名字结合了艺龙旅行网的外号“小艺”，因此叫作“与小艺一战到底”。艺龙网利用基于自定义回复接口开发的App，将答题赢奖品的模式植入到微信中，采取了有奖答题闯关的模式，设置了每日有奖积分，最终积分最高的用户获得丰厚大礼。艺龙还专门针对参与游戏的幸运楼层送上好礼，这样就大大促进了用户参与游戏的积极性，加上活动推出后艺龙在其微博和其他渠道的大力推广，根据后台真实的数据，用户每日参与的互动活跃度高达五六十万，微信的订阅用户也同步新增几万。而整个活动的资金投入也比微博活动少得多，取得了非常让人满意的效果。

5.5 出版业微信营销攻略

5.5.1 出版业的微信运营之道

继微博营销之后，微信作为新兴的营销平台渐渐出现在了出版业的视线之内。一些出版社以社名注册了微信账号，如上海译文出版社；还有一些出版社以品牌名称注册了微信账号，如“理想国”“铁葫芦”等；有些作者也注册了个人微信账号，与读者和出版业人士开展积极的互动。由此可见，微信已经打开了出版业的营销新思路。与微博相比，微信公众平台是更适合个人的自媒体模式。在微信上，字数空间足够大，每天只允许推送一两条信息，这样的形式就从基本上要求信息发送者要重视内容的质量。只要文章质量足够好，自然能吸引一大批有同样爱好的朋友。对于出版社来说，微信也是更具针对性的营销平台。一般关注出版社微信号的人，都是对该出版社及其产品比较喜欢的读者，他们购书比较频繁，购书种类比较多，针对他们进行营销，对出版社的销售更能产生拉动作用。

1. 依靠二维码获取更多关注

图书作为标准化商品，非常适合使用二维码进行营销。出版社可在微信或微博上放置相关图书的二维码，也可以在纸质图书上放置出版社或图书品牌的二维码。读者只要用智能手机扫描一下，就可以使传统纸质图书实现多媒体化，方便读者运用视频、动画、文字、图片等手段增强对图书内容的理解和应用。二维码对于读者来说，能带来更多、更有价值的内容延展，也可以带来更多的互动体验。读者在看完某部作品后，可以立即对其进行评价，也可以推荐给好友或者与好友进行沟通交流，真正实现了线上线下的互动。读者扫描图书上的出版社或图书品牌的二维码，还会增加对出版社或图书公司所出图书的了解，进而起到增加其他图书销量的作用。

2. 将服务交互进行

以目标客户非常明确的馆配图书发行为例：出版社可以在微信公众平台上将图书馆采购人员的 QQ 群和通讯录进行分组，在策划阶段，就可将选题意向发至目标客户群，让最明确的客户先期介入到图书选题的策划之中。借助微信，出版社在图书出版的每一个环节都可以和目标客户展开有效的沟通，这样做比在传统媒体做宣传广告的效果更好、更直接。图书出版后，出版社将最新的出版信息和图书样张通过微信及时推送给目标客户，这些客户会通过分享、评论等功能开发出更多的潜在客户。在实际销售阶段，微信所提供的语音聊天、视频聊天等手段，能确保出版社以最快的速度实现销售。出版社还可通过互联网提供相关的售后服务及不断完善的增值服务，为下一轮图书宣传和销售做好准备。

5.5.2 出版业成功的微信营销实例

【案例直击】罗辑思维：粉丝关注从无到有

国产知识性脱口秀类栏目、自媒体新秀“罗辑思维”一经推出就斩获无数粉丝，每期的网络点击率都高达百万以上。但如何将粉丝转化为收益呢？该栏目的主创兼主持罗辑的做法让人们眼前一亮。

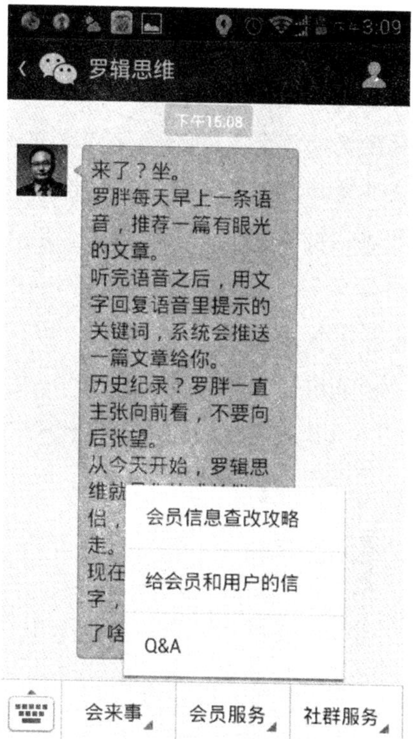

罗辑思维的自营销

2013年8月初，罗辑思维的微信公众账号推出了“史上最无理”的付费会员制：5000个普通会员+500个铁杆会员，会费分别是200元和1200元，为期两年。这种“抢钱”式的会员制居然取得了令人惊讶的成功：半天之内，5500个会员资格全部售出，160万人民币快速入账，其粉丝的忠诚度可见一斑。

有人会问，这些会员用真金白银对罗辑表示了支持，具体能得到哪些好处呢？罗辑很快就给出了答案。他先后几次提供会员福利：第一时间回复会员资料的会员将获得价值6999元的乐视超级电视——这相比他们付出的200元会费实在是赚大了！而先后送出的总价值7万余元的超级电视并不要罗辑掏一分钱——这是乐视免费赞助的。

复盘罗辑的粉丝营销案例，我们可以看出：他首先通过其提供的优质内容产品将有相同价值需求的社群聚集在一起，然后通过收取会员费的方式一来赚取收益，二来进一步增加粉丝黏性。随后，他以这个忠诚度极高的群体作为基础，向需要精准营销的品牌提供合作机会，自己则作为社群与品牌的链接，形成自己的稳定收益来源。

【案例直击】天翼阅读：阅读新体验

作为目前最受欢迎的正版数字阅读平台之一，天翼阅读致力于为用户提供一站式绿色、品质的数字阅读服务。其平台上拥有精心为用户挑选的书籍、报纸杂志、漫画、有声读物、资讯等，涵盖五大频道和40个子栏目，无论玄幻小说还是穿越小说，无论是经管图书还是金融图书，各类经典、精品应有尽有。在此基础之上，天翼阅读围绕“品质阅读”的理念，为用户精心挑选了财经、管理、人文、生活、励志类具有品位的阅读精品，提倡以阅读改变人们的生活，以精彩点亮未来的阅读。截至目前，天翼阅读已与超过200家的内容商合作，汇集了超过20万册的图书、杂志、漫画资源和超过3万小时的音视频资源。天翼阅读微信平台上线以后，用户可以随时随地点击阅读最流行的好书，并且在分享阅读乐趣的同时还能进行个性互动，特别是个性互动环节深受广大用户的推崇。

5.6　交通业微信营销攻略

5.6.1　交通业的微信运营之道

微信正逐渐成为不少企业新媒体营销的一个组成部分，从诞生到火爆，微信仅仅用了短短两年时间。交通业作为人们日常生活中不可或缺的行业门类，在微信的帮助下又能够呈现出怎样的面貌呢？

1. 通过微信平台展示企业魅力和宣传促销活动

随着微博、微信网络平台的兴起，人们足不出户便可以买到火车票、飞机票等。不少航空公司、铁路部门都在不断开发新的应用程序，例如在其官方微信账号上开设“机票验真”“航班动态”“城市天气查询”“登机口查询”等。除了提供电子化的服务外，企业往往还会利用这种平台展示和促销产品，比如利用微信给用户提供新航线推介、机票秒杀、旅游旺季打折活动等相关信息。

2. 利用微信提升旅客服务体验

交通企业利用微信平台进行营销时，除了可以推销品牌与推广信息之外，更可以在三个方面改善旅客体验：服务模块功能体验、销售模块功能体验及高端旅客的实时服务。从平台功能上看，微信较为全面地将二维码、熟人圈子、公众平台、位置服务等应用结合在一起，如能将其与航空公司的 CRM（客户关系管理）系统配合使用，营销的想象空间将会是巨大的。

首先，可以将公司的航线、班次等服务模块植入微信平台以提升旅客体验，并且可以增加旅客会员服务、航班票价查询、城市天气查询等诸多丰富的功能。这样不仅拓宽了微信应用广度，还增加了用户黏度，在方便旅客的同时提升了用户忠诚度，可谓一举多得。

其次，在微信平台上实现机票销售功能，将为旅客购票提供更多、更快捷的选择。此外，增加车次、航班动态查询功能，甚至还可以增加寻找遗失物品的功能，这样也能给旅客提供极大的便利。

3. 利用微信平台留住客户资源

面对当前竞争越来越激烈的市场，“微平台”为航空公司、铁路部门提供了一个展示品牌、用最时髦和最快速的方式将信息传达给客户的机会。运用新媒体社交平台进行营销，能够比较准确地了解到旅客最为广泛的需求，进而通过满足其实际需求留住他们，并通过良好的互动吸引旅客，最终创造价值。所以，航空公司必须将新媒体社交平台营销提升至战略高度，并时刻保持对创新性、趋势性的移动互联网传播工具的敏锐度。

未来的移动互联网营销战必然是极其激烈的，谁能顺应趋势并拔得头筹，谁就将在未来的市场中占得先机。当然，这一切都需要专业化的运营，交通企业是否已经准备好了呢?

5.6.2 交通业成功的微信营销实例

【案例直击】南航：提供完美服务，增加顾客忠诚度

中国南方航空公司十分重视微信营销，这点从南航总信息师胡臣杰的话中可以体会出来："对今天的南航而言，微信的重要程度，等同于15年前南航做网站!"正是因为特别重视微信营销，所以他们一直致力于打造一个优秀的微信服务平台。

2013年1月30日，南航微信第一个版本发布，南航利用这一版本推出了微信值机服务，这在国内还属首创。随着南航微信功能的不断开发和完善，他们又相继推出了机票预订、航班动态查询、里程查询与兑换、办理登机牌、城市天气查询、出行指南、机票验真等全方位的服务。只要是用户登录南航微信，就可以利用这个公众平台来查询自己需要了解的全部内容。

南航微信的推出和不断发展，让南航在服务方面做得越来越好，越来越多的消费者喜欢通过微信这个平台来了解他们的相关服务、查询相关信息。

5.7 房地产业微信营销攻略

5.7.1 房地产业的微信运营之路

微信作为一种全新的网络通信方式，已经悄然深入大众的日常生活中。可以说，微信所拥有的"人多势众"优势和高端用户特质是房地产营销的最佳助力器。随着越来越多的人注册和使用微信，它在地产营销中起到了越来越大的作用。

目前，微信平台在房地产营销中的地位已经得到了全面肯定，它为广大购房者与开发商之间建立起了线上的交流平台。人们只要拿出手机拍下楼盘的二维码，通过微信就能够在第一时间了解楼盘最新资讯，还能直接与销售人员沟通。无论在买房还是卖房，微信都起到了非常重要的作用。

1. 房地产企业的微信用来做什么

房产企业微信可以为用户提供全方位购房服务，用户利用它可以直接查看最新报价、获取开盘通知、享受打折优惠、实现买房答疑，比以往的任何营销形式都更加精确、有效。当相关用户在买房时遇到疑问，地产商通过微信能够随时随地给出相关解答，还可以将楼盘的近期动向随时随地推送给用户。

2. 如何让用户知道房地产企业的公众账号

房产企业可以在展位、移动宣传板、传单上放置企业的二维码，感兴趣的人就会主动扫码。如果扫描二维码有优惠的话，还会吸引更多的人成为企业的粉丝。房产企业也可以用线下、线上多种媒介媒体来推广公众账号，以最大程度地吸引用户。

3. 如何策划微信活动吸引用户注意

想要用户对房产产生兴趣，除了房子本身要过关之外，策划出具有吸引力的活动也是必不可少的。房产企业可以在微信平台上定期推送促销活动的信息，从而吸引用户参与活动，进而实现达成交易的目的。

5.7.2 房地产业成功的微信营销实例

【案例直击】北京朝阳大悦城：14万微信会员“大鱼塘”

2012年六七月间，北京朝阳大悦城开始涉足微信营销领域，在北京这是第一家利用微信进行营销的百货购物中心。那么，北京朝阳大悦城是依靠什么方式来构建自己的用户“鱼塘”的呢？它为用户设置的“鱼饵”又有什么特别之处呢？

与其他企业不同的是，大悦城注册的并不是注册简单、推送自主权较大的微信公众号，而是从微生活会员卡开始的。这个会员卡就是充满诱惑的“鱼饵”。

没有注册微信公众号带来的弊端是信息推送的频率与内容不能由自己完全掌控，并且每月只能推送1~4次。虽然有如此大的缺点，但是大悦城仍旧坚持这样选择，因为这样做不但可以得到腾讯提供的更多的展示资源支持（比如，腾讯微生活团队可以利用重点区域的QQ信息强制推送、微生活平台的主页推荐、QQ弹出广告等来为大悦城吸引粉丝），而且还有一个更大的好处就是微信会员卡的优惠特权对用户来说具有巨大的吸引力。这个“鱼饵”是相当有诱惑力的，为大悦城吸引来了一定数目的顾客。

除了微信会员卡外，大悦城微信还设置了完美的关键词搜索。像“你好、hi、hello、早上好”等内容被列为一级搜索目录关键词，用户一旦输入这些关键词，大悦城会自动回复，回复的内容都对用户具有引导性，可以引导用户去了解更为详细的商场信息。环环相扣而又简便易行的关键词搜索功能，是大悦城微信公众账号为用户下的第二个“鱼饵”。

除此之外，朝阳大悦城还为用户放出了第三个“鱼饵”——各种活动。比如，大悦城在元宵节时推出了“一猜到底”的活动，单日最高回复量超过5000人次，累积回复量超过1万次；再比如“找你妹Logo版”活动，让大家以游戏的方式来寻找大悦城的Logo，这种新奇的游戏吸引了很多用户。朝阳大悦城每月都会举行这类活动，以吸引更多用户的关注。

除此之外，大悦城还利用线下的各种活动展开营销，最终构建了拥有14万微信会员的“大鱼塘”。

【案例直击】万科翡丽郡：靠“权益”赢取“真爱粉”

房地产行业的领军企业万科也开始涉足微信营销，并且取得了良好的效果。万科翡丽郡开通了微信平台，并且依靠这个平台开展了一系列营销活动。只要是通过扫描二维码或添加微信号 wankefeilijun 成功添加微信公众号的用户，就能获得万科翡丽郡提供的幸福权益。

万科翡丽郡微信营销活动

第一个权益是购物卡幸福奖赏。第 200、500、800、1000 名关注者可分别获得 100 元、200 元、300 元、500 元购物卡。

第二个权益是可凭微信好友界面到翡丽郡售楼处领取幸福通行证一本，并能够就此获得四重幸福好礼。它们分别是：万元幸福置业基金；享有毛家饭店、上岛咖啡等幸福商家大联盟的专享 VIP 优惠；可获得翡丽郡量身定制的幸福家装优惠套餐；可参与 9. 8—9. 9 和 9. 15—9. 16 两个周末的现场抽奖，参与的人有获得 iPad 大奖的机会。

第三个权益是可以参与幸福微家书全城互动，为用户快递“幸福月饼”到家人手中。

第四个权益是优先获得翡丽郡幸福家计划相关资讯及产品信息。

这项微信营销活动一经推出，就取得了良好的社会反响，大量的用户参与到万科翡丽郡举办的活动中来，万科翡丽郡的房子也因此次营销活动取得了良好的销售业绩。

万科翡丽郡利用微信进行营销之所以能够取得这么好的效果，就是因为它紧紧抓住了消费者的心理，用权益来吸引消费者，为企业赢得了数目可观的“真爱粉”。

5.8 快消品业微信营销攻略

5.8.1 快消品业的微信运营之道

所谓快消品就是指一些被人们快速消费的产品，比如个人护理品（牙膏、牙刷、洗发水、护肤品、纸巾、剃须刀等）、家庭护理品（空气清新剂、肥皂、杀虫剂等）、食品饮料以及烟酒等。

全球最大的个人护理行业企业宝洁就属于快速消费品企业。它包含了众多人们熟知的品牌，比如舒肤佳、飘柔、海飞丝等。在那么多快消品品牌中，为什么这些快消品品牌就能长盛不衰呢？原因就是在跟上时代发展潮流的同时，这些快消品企业在营销上也十分注重更新换代。比如在一开始电视广告流行的时候，它们就瞄准了电视广告，并且取得了不错的业绩；而后来网络时代到来时，他们又看中了网络营销；现在进入移动互联网营销时期，具有高度商业敏锐感的他们是肯定不会放过微信这个极佳的推广平台的。那么，他们到底是怎样做微信营销的呢？

众所周知，微信营销更注重精确和私密性的互动特点，所以，很多企业就抓紧利用这一点来与粉丝进行私密性的互动，这样不但可以为该品牌加分，还有助于这些粉丝的私下扩散。在这一点上，飘柔就做得很好。飘柔不但专门成立了客服小组，而且每次与粉丝的互动都是十分私密和真实的，当然其中也不乏一些幽默的风格，总之，让消费者十分喜爱。

从某种角度上来说，飘柔的这种微信营销让很多用户了解到了与以往不同的飘柔，并且对飘柔品牌有了好感。飘柔的微信客服人员则给自己起了比较深情浪漫的名字——小飘。而“小飘”不只是提供资讯回答问题、讲笑话等，还能与粉丝一起唱歌，因而受到了越来越多用户的关注和喜爱。

做好上述几点，快消行业的微信营销大概就会“功德圆满”了，而且这也是考验每个快消品行业企业老板的一大营销难题。毕竟与消费者直接对话，对快消品行业有重大意义。只有与消费者沟通得当，才能取得用户的信任，也才能凸显品牌的力量。

5.8.2 快消品业成功的营销实例

【案例直击】可口可乐：瓶盖里的微信营销密码

可口可乐曾携手微信，尝试了一种新的跨界营销模式，利用小小的一枚瓶盖，为消费者带来全新的产品互动体验，在销售产品的同时实现品牌价值积累。

Pincode，听起来陌生，但如果说起饮料瓶盖里的13位数字编码时，所有人都会恍然大悟。早在PC时代，Pincode就已经存在，但由于缺少好的互动平台，消费体验差，用户流失比较多，一直没有形成气候。长久以来，人们都忽视了这样一串简单数字的潜在营销价值。

此次可口可乐与微信、易迅三方合作推出的“3PM午后畅爽畅赢”活动，正是利用瓶盖里的这串数字编码，为消费者带来了全新的品牌互动体验。在3月3日到5月31日活动举办期间，消费者扫描瓶身上的二维码关注可口可乐官方微信，点击“3点秒杀”按钮，输入瓶盖内的Pincode，即可参与每天下午3点的“零元秒杀限量版三星Galaxy Trend 3手机”活动。在此次活动开始前一周，官方预热活动启动，充满张扬搞怪的网络时代气息的海报随处可见，吸引数不清的年轻一族拧开可口可乐瓶盖，用微信试试手气、分享快乐。

据悉，此次营销战役可口可乐共投入9.9亿瓶定制版产品，借助移动互联网的力量，通过商品编码与海量消费者瞬时实现互动，将品牌在线下的零散客户群体吸引到线上留存下来，在培育他们品牌忠诚度的同时，搭建一种门槛更低的长期会员式客户体系，在卖货赚钱的同时，更赢取了亿万粉丝，这样的营销效果不能不引起其他企业的关注和思考。

在移动互联网时代，因为人、商品和上网终端在同一时空形成关联，依靠一串商品编码，就可以巧妙地将用户和品牌绑定，吸引散客成为粉丝，同时为消费者带来愉悦的社交体验，为品牌积累价值。一个小小的Pincode，让互动营销呈现出一种新的可能，而其背后的关键正是微信。

可口可乐借助微信平台，创造出在线时时互动优惠的新玩法，这样的跨界营销不仅覆盖了可口可乐线下、易迅网线上的两类群体，更重要的是能够真正将客户留住，将品牌推广、促销和客户维护紧密结合在一起，实现全新的营销价值。

5.9 服装业微信营销攻略

5.9.1 服装业的微信运营之道

如今，社交网络正在不断改变着人们的生活方式和工作方式，同样也在改变着服装业的营销方式和服务方式。服装业具有市场变化快、季节性强、设计周期长等独特的行业特点，这就要求企业只有适时而变，找准适合自身的最佳营销融合点，才能免遭淘汰。而近来，凡客诚品等一大批服装行业巨头争相试水微信营销。

在移动应用中，企业可以通过二维码扫描给用户提供商家的折扣和优惠，这是一个既经济又实惠而且非常有效的促销方式。当然，二维码在服装行业有一个更具潜力的发展方向，那就是随心随地地快捷网购。现今，在地铁、公交、广告牌甚至大街上，随时随地都可以通过扫描二维码来查看商品信息，并可以立即下单，网络购物从来没有这么快速便捷过。而这也符合了服装行业快速变化的市场。以目前形式来看，二维码将会很快作为新兴销售支付手段，占据网购主流，成为物联网的核心发展技术。

服装行业过去主要依托线下大量的渠道终端实现产品销售，现在应该考虑怎么跟线上营销结合，吸引更多的人到店铺或官网进行消费，还要考虑怎么运用互联网跟你的消费者进行品牌分享，这就需要 social（社交）、local（本地化）和 mobile（移动）的整合，而这正是微信的特点。

在社交网络里，每个品牌都要建立自己的品牌形象。我们可以看到，在 Facebook 上，有很多活跃的品牌，每天都会进入大量用户的视线内，在数字世界中建立了强大的品牌影响力。而借助微信巨大的用户基数，服装企业完全可以建立自己的数字世界品牌大厦。微信能够快速树立并维护正面的企业线上形象，能更加精准地推行企业的产品，同时，微信营销的效果也更容易跟踪和考量。

总之，微信在服装行业未来的营销战略中有着不可估量的作用和前景。以目前的发展趋势来看，微信服装网购及线下基于 Lbs 的精准营销，将完全有可能成为未来的服装销售新趋势。

5.9.2 服装业成功的营销实例

【案例直击】VERO MODA：多角度迎合消费者需求

VERO MODA 的受众群体定位是 15 岁至 35 岁的都市女性，这个群体对时尚度及性价比较为敏感，并且对新鲜事物具有很强的兴趣。对于产品功能性并不十分在意，关注点主要在于新颖的设计及品牌本身的意义。

该企业通过拍码抽奖互动营销，弥补品牌宣传形式过于单一的不足，配合微博分享，突显个人的购物能动性，提高消费者关注度，从而推动消费者参与互动。

在竞争激烈的中低端品牌服装市场上，为抓住消费者，企业所举办的活动既要让利于消费者，又要保持品牌的定位，使消费者在参与体验活动的同时，对品牌有更高的认知度和认可度。

VERO MODA 通过对品牌消费群的偏好分析，借助拍码抽奖的方式吸引消费者参与活动，既顺应了爱美女性逛街的习惯，满足了她们购物的欲望，又提高了消费者对此次创新活动的认知度。

主题活动以会员、非会员两种模式相结合，迎合了消费者对新鲜事物的追求，吸引了众多消费者驻足关注。活动还突出了会员特权，吸引了大量潜在会员加入，提高品牌会员基数，增加了会员忠诚度。企业在活动期间通过后台数据监测，实时记录拍码人次，有效统计参与活动的人数，保证了信息的真实性和有效性。根据数据统计显示，本次活动不但在短期内提高了实体店的销量和品牌的知名度，而且收集了大量客户的宝贵信息（姓名、电话号码），为品牌精准定位、数据评估提供了依据。

第6章

互联网新兴企业如何玩转微信

6.1 从微信看 IT 企业的发展走向

微信的兴起让互联网企业找到了新的商机。凭借着高黏度、精准推广等特点，微信逐渐成为互联网企业推广的热点，越来越多的人开始涌入到微信推广的行列，各大微博账号纷纷转战微信平台。不可否认，微信确实将互联网企业，尤其是网站运营带入到精准推广的时代。在未来，移动互联网的形态应该还会有很大的改变，交互方式和交互设备也将会出现得越来越多，其最终目的是让人们生活得越来越舒服、自然。

6.1.1 微信给互联网企业带来的新变化

对于互联网企业来说，要想做好推广，就要找到一条优秀的推广渠道。微信的出现为互联网企业提供了良好的选择，6 亿多的用户使用量对互联网企业来说是一个极大的诱惑。很多互联网企业利用微信营销实现了自身的运作和发展。

互联网行业靠什么生存？靠的是用户使用互联网的次数和点击率，以及 App 的下载量，且起决定作用的是 App 的下载量。用户为什么会下载你的 App？就是因为你有较高的点击率及浏览次数。那么如何提高自己的点击率和浏览次数呢？微信的出现很好地帮助互联网企业解决了这个问题，特别是在 5.0 版本发布以后。这一版本的微信允许互联网商家打通微信接口，如此一来 App 的服务就能在微信公众号上直接显现出来，互联网企业就能够依靠微信庞大的用户资源完成对 App 下载量的需求。唯一存在的缺点是，在下载的时候需要从微信上导出流量，没有更多的人关注的话这种下载是很难有规模效应的，这时就要用微信进行营销推广。

互联网企业是如何利用微信进行营销与推广呢？首先起作用的是微信的自

定义回复功能，互联网企业可以利用这个功能设置很多与用户互动的形式，同时，找来最近网上流行的内容和信息来与用户互动，这样就能赢得用户的好感。除此之外，互联网企业还可以利用微信公众号，向用户提供一些社会热点问题，以引发用户们的讨论，在互动的同时及时向用户推送信息。这样，在互动的过程中就完成了营销。

从上面的叙述中不难发现，互联网企业要想利用微信营销取得良好的效果，就要把握住以下几点。

第一点是要充分利用自身的资源。互联网行业利用微信进行营销的时候有其自身的优势：因为是互联网，所以能够把握每天的热点话题；因为是互联网，所以每天能够最先接触到最新、最有趣、最前沿的图片。而这些都是用户们最感兴趣的，也是最能调动他们的积极性的。

第二点是在互动的时候要真诚。只有真诚才能打动人，没有人喜欢虚情假意。所以，在与用户互动的过程中，要把自己的真诚和热情拿出来，要及时回复用户的话题和疑问，而不能冷漠待之。

第三点是要做好有趣环节的创新与设置。有趣的环节对用户有天然的吸引力，比如极具创意的小游戏、小活动，这些都能极大地激发用户的兴趣和注意力。

6.1.2 微信给移动互联网企业带来的新变化

当微信开始以不可阻挡之势席卷全国的时候，大批企业涌入微信，开始开设自己的微信公众账号，并利用微信开始营销。而移动互联网企业也开始步入微信营销的行列，一场移动互联网企业微信营销大战就此拉开序幕。

那么，移动互联网企业应该如何运用微信进行营销呢?

1. 要全面拉粉

移动互联网企业拉粉的方式有很多，主要包括以下四种。

第一种方式是官方渠道拉粉。这种方式就是通过官方渠道把自有用户转化为微信用户。这种拉粉的方式主要是通过企业官网来运作。移动互联网企业可以在官网直接设置二维码广告“关注手机微信”，对于自有用户非常多的互联网企业来说，通过这种拉粉的方式能够以最快的速度得到大量微信粉丝。

第二种方式是通过大号互推的方式拉粉。这种拉粉的方式是移动互联网企业又一重要的拉粉方式。移动互联网企业一般都是比较大的企业，所以有优秀的第三方合作资源，比如腾讯。移动互联网企业可以和这种优秀的第三方合作者通力合作，从而获得较多数量的用户。

第三种方式是利用官方微博拉粉。大部分移动互联网企业都有自己的新浪微博、腾讯微博，这些微博号拥有的用户数量是相当大的，虽然微博用户对账号的关注是浅度关注，能够转化成微信粉丝的数量比例并不会太高，但是因为基数大，所以这类用户的转化数目还是相当可观的。

第四种方式是依靠重大活动拉粉。移动互联网企业可以通过举办重大活动的方式来获得用户，活动规则可以简单，但是必须要有效，要兼具趣味性与奖励性。趣味性能够吸引用户的兴趣，奖励能激励用户参与到其中来，并最终转化成企业的粉丝。

2. 要开发极具操作性的后台

微信公众账号自带的后台功能是非常简单的，例如，其后台没有搜索功能，如果想从众多的用户中搜索出一个特定用户非常困难。所以，移动互联网企业要想做好微信营销，就要自己开发一套操作性强的后台。这样用户在微信上的留言都能出现在自己开发的后台里。同时，这个后台要能够设置人工回复关键字、回复范本等以增强与用户的互动。

3. 要尽可能地拿到更高的 API 接口权限

移动互联网企业要想让自己的微信营销收到出色的成效，就要想办法拿到更高的 API 接口权限，拿到了这个权限，就相当于有了高效的、独立的 CRM 接口。通过这个接口，可以读取用户信息，也可以推送事件，还可以截留一些用户的行为数据，企业就可以通过本地服务器对这些数据进行分析。对于企业来说，这些数据是非常重要的，它能够帮助企业改善自己的营销策略。以上这些功能是低权限接口的企业没有办法做到的，有了高权限的接口，微信营销才能够顺利开展。

6.2 电子商务网站微信营销攻略

6.2.1 移动电商平台的微信运营之道

1. 微信具备电商营销的最基本条件

微信营销告诉我们，未来的营销不需要太多的渠道，只要产品进入消费者的手机，营销就能取得非常好的效果，这是微信给营销带来的新变革。如今的电商也开始走微信营销的道路，通过微信营销来卖掉更多的产品、获得更多的利润。

微信发展迅速，时至今日，用户数量已经超到6亿，这就说明用户对微信非常认可，这就给电商企业带来了巨大的商机。同时，微信有语音、视频、图文等沟通方式，能带来绝佳的用户体验，用户比较喜欢这样的新生事物，这就为微信营销提供了便利的条件。而且微信公众号是免费的，对于很多资金不是太充足的电商来说，这无疑是最佳的营销渠道。

2. 实现微信售前咨询、售中促销、售后反馈

微信可以打通开发平台技术接口与电商内部所有数据业务系统，从而实现售前咨询、售中促销、售后反馈与微信的闭环。比如，一个家具类的电商微信账号，如果用户发送指令“凳子”到公众频道上，系统就会在电商的数据库中

自动查询相关产品、购买链接、商品评价等信息，如果用户有购买的意向，就会点击购买下单，买完之后的反馈信息也会被微信自动导入。这种购买循环很适合电商。

3. 微信沟通生态适合电商营销

微信注重的是朋友间的沟通，并且具有一对一沟通的特征。因为是朋友间的沟通工具，而朋友间的推荐更可信，而电商微信营销要的就是这种可以信赖的营销生态。据不完全统计，如今淘宝大约有 10% 的流量都是从微信导入的，从中不难发现微信对电商营销起着多么大的作用。

既然微信在电商营销的过程中起着这么重要的作用，那么，电商究竟该怎样用微信来营销呢?

首先，要营销良好口碑。口碑对于电商来说是非常重要的，甚至可以说决定着电商的存亡。要想营销良好口碑，就要有足够多的用户，所以要大胆利用公司官网、淘宝店、产品手册、推广手册等渠道来挖掘用户，同时要鼓励用户把微信公众账号通过分享到朋友圈、QQ 群等方式推荐给身边的朋友。

其次，要搭建好微信营销团队。微信运营是一项非常复杂的活动，它涉及市场推广、售前咨询、售后反馈、物流、财务等环节，要想把这些环节都做好，就需要有一个出色的微信营销团队。电商应该如何搭建这样的团队呢？公司高层要为微信营销提供资源支持、协调支持，以提高营销的效果；市场人员负责的是编辑内容、策划活动，并且要时刻关注市场销售动态；还要有专门的客服人员，客服人员要做的事情是提供微信客服、与用户沟通等。

再次，要把握微信营销运营要素。电商在利用微信进行营销的时候，还要把握一定的运营要素。这些要素分别是：在营销之前做好目标客户群分析；在运行的过程中要做好与用户的互动；不可心急，要有耐性；推送内容要生动有趣，不能是赤裸裸的广告宣传；依靠互动、有奖活动来提高营销效率；结合微博、QQ、淘宝旺旺、邮件群发等多种营销方式吸引用户。

最后，要靠服务征服用户。与其说电商营销拼的是营销，不如说拼的是服务，服务好的电商才能受到用户的青睐。所以，电商在用微信营销的时候对用户要热情、友善，及时解决用户的问题，同时，还要不断对用户发送关怀或者祝福的信息。

【案例直击】叁陌绽放：分组群发转化率惊人

叁陌绽放微信公众账号

微信公众账号具有群发的功能，但是群发是受一定限制的，为了达到营销的效果，商家要做精准的分组群发，这样才能确保信息准确到达有需求的用户手中，又能最大限度减少对用户的骚扰。叁陌绽放天猫官方旗舰店微信就做到了这一点。

叁陌绽放天猫官方旗舰店主营女装、配饰、箱包、鞋子等，为了更好地推广品牌，他们创建了微信公众账号。在微信公众账号里，他们对自己的用户进行了分组，分组的依据是旺旺与微信是否绑定，也就是说有的群已经与旺旺绑定，有的分组却没有。在分组的基础上再进行群发，所取得的营销效果非常好，订单转化率出奇得高。

叁陌绽放天猫旗舰店微信在进行产品推广的时候是非常聪明的，它首先针对客户的被动需求建立相应的分组，按照不同的分组来实施群发，以提高营销的精准度。正是依靠这种高精准度的营销推广，叁陌绽放实现了产品销售目标和品牌推广目标。

6.2.2 一般电子商务网站的微信运营之道

微信的巨大营销能力，牵动着各行各业的神经，一些淘宝卖家也开始利用微信推销自己的产品，并且取得了良好的营销效果。那么，身为淘宝卖家，应该如何开展微信营销呢?

这里需要说明的是，并不是所有的淘宝卖家都适合做微信营销，具体原因有两个：第一个原因是微信营销的效果见效慢，并不是所有的卖家都能等得了；第二个原因是微信营销是个系统工作，需要在标题、内容、服务、促销等方面不断优化和推进。所以，淘宝卖家要仔细思考自己的店铺是否适合做微信营销。

一旦确定好可以利用微信进行营销，就进入了具体的营销实施阶段。

1. 要设置账号

对于淘宝卖家来说，小的卖家最好的账号不是公众账号，而是个人账号。因为公众账号比个人账号经营起来更费时间，对于一般的卖家来说，每星期都写文章、找内容、策划促销活动是一件很困难的事情。而个人微信账号管理起来非常简单，只需要发送简单的内容，还可以快速地向用户展示自己的产品，同时，还能一对一地进行快速沟通，这可以最大程度地促进成交。

对于大的商家来说，最好的选择还是公众账号，因为公众账号的功能更加齐全，能够全方位为用户打造查询、下订单、付款等全方位的服务。

2. 聚集粉丝

有了账号，就要开始聚集粉丝。因为只有有了粉丝，才有了营销的对象。对于淘宝卖家来说，最好的聚集粉丝的手段是在淘宝宝贝页面上放二维码让用户扫描关注，并且告诉用户关注后能够得到哪些好处，比如专享折扣、优惠礼券等。另一种聚集粉丝的方法就是通过群发短信的方式邀请用户添加微信号。除此之外，还可以通过搞促销活动的方式来赢得粉丝。虽然这种方式并不能保证所有参与进来的人都能成为自己的粉丝，但是至少可以获得一部分，如果产品质量与服务足够好的话，则能够得到数目可观的粉丝。

3. 与其他推广方式相结合

对于淘宝卖家来说，要想单纯依靠微信营销这一种方式来促进成交是比较困难的。所以要综合多种推广渠道，比如百度百科、百度贴吧、微博、官网等，在这些上面放上卖家的二维码。这种多渠道结合的营销方式能够提升微信营销的效果。

4. 合理推送信息

没有人喜欢被打扰，特别是被一些杂七杂八的广告打扰，所以，淘宝卖家要掌握信息推送的技巧：首先要做到不要太频繁，两三天一次就好；其次，内容要尽量短，200字左右即可，并且不能是赤裸裸的广告推广，要有实用性或有趣味；同时，推送的信息要分类，要做到精准推送。

5. 做好服务

淘宝卖家吸引客户的杀手锏就是高质量的服务。面对用户的问题咨询，要及时热情地回答。在服务的过程中要细心，充分了解用户信息，并把他们记录下来，作为营销推广的参考。总之，淘宝卖家要做到的是让用户感受到自己的优质服务。所以，淘宝卖家要组建专门的团队来做服务，打造一个可信任度高、服务质量好的优秀店家形象。

【案例直击】天猫：微信营销一直受业界推崇

天猫的微信营销一直被业界所推崇。天猫微信营销之所以能够取得好成绩，就是因为它开创了新玩法、新活动。

比较有代表性的一个实例就是“天猫T恤节”营销活动。在这次活动中，天猫为用户提供了各种打折优惠信息，用户只要在活动页面扫描二维码就能参与互动。当用户扫码关注后，商家会主动推送趣味性、与活动主题相关的晒 tee、看 tee、玩 tee 的互动内容。参与活动的用户回复的字母不同，就能选择不同的互动形式，让用户轻松体验到互动的乐趣。

天猫 T 恤节

天猫微信另外一个具有特色的有趣活动是“大促抢红包”系列，这一系列活动包括“顶红包”和“捉猫”等活动。在 2013 年，天猫抢红包推出新花招——“砍红包”。具体的“砍红包”方式就是先给用户一些本身价格很低的候选商品，如果客户愿意去砍价，商品价格还可以再降。商品被砍价的次数越多，排名就会越靠前，同时买商品的时候返还给客户的红包就越大。在这个活动中，除了自己可以砍价外，还可以通过天猫给客户挑出来的菜单到微博去拉朋友帮自己一起砍价，以达到提升某件商品排名的目的。

天猫微信这些营销方式是非常有趣和非常新奇的，能够大大吸引客户的参与兴趣。同时，由于门槛不高，增加了诸多用户购买的积极性，大大促进了成交量。

天猫利用微信进行营销，体现出的就是一种病毒式营销模式。天猫通过不同的方式，让活动在不同的用户之间传播，把更多的客户吸引进来，并不断循环下去，提高产品销量的同时，天猫品牌也会不断传播，大大提高了品牌知名度。

6.3 娱乐类网站微信营销攻略

6.3.1 游戏类网站的微信运营之道

随着移动互联网的飞速发展以及微信主推的App化，游戏网站必将充分利用微信更好地服务于每一个喜欢玩游戏的人。微信公众账号将成为游戏网站组建移动游戏生态系统的重要部分，今后应该会在功能、分享以及与自身移动客户端打造上做得更多。

【案例直击】37wan：用户行为数据分析收奇效

2013年1月，37wan微信公众号刚开始运作的时候，还处于早期的摸索阶段，37wan在对用户行为做出分析的基础上逐步调整营销策略，这一策略的实施确实收到了很好的效果。

刚开始时，37wan主要导入的游戏是“龙将”、“秦美人”等。过了一段时间，37wan对导入这两款游戏的用户活跃度进行了分析，数据显示用户的活跃度非常高。37wan官方对此做出总结，认为利用微信展开营销要比微博营销的效果要好很多，说明用户非常乐意在微信平台上玩游戏。这加强了37wan在微信上导入游戏的决心，后续又导入了“王者之剑”等游戏。

除了对用户活跃度的数据做出分析外，37wan还专门研究了用户为什么会有这么高的活跃度。经过分析发现，游戏在微信上的互动率之所以这么高，主要原因是微信“一对一”的互动形式，这种形式更能让用户感受到自身被重视；另外一个原因是微信具有较强的私密性，更能吸引比较注重隐私的用户。

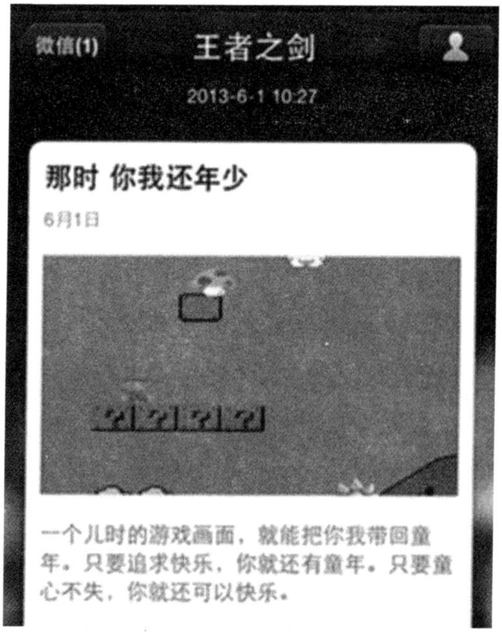

37wan 微信游戏“王者之剑”

在对以上用户行为做出分析后，37wan 决定在微信后台组建一个客服团队，这些人除了对微信进行了技术开发外，还要以“人工＋自动化”的方式回复玩家消息。这种改进给37wan 微信营销带来了很大好处，更多的用户踊跃参与到游戏中来。

37wan 微信营销之所以能够取得成功，很大一部分原因是他们对用户行为做出了分析，明白了用户内心的想法，并根据这些想法来调整营销策略，最终给自己带来了大量的用户。

6.3.2 视频类网站的微信运营之道

【案例直击】悦视频微信：为用户提供优质的体验

悦视频是一款视频聚合类App，可以为用户提供影片类资讯、视频在线播放、视频下载等服务。为了在竞争中获胜，悦视频也开始运用微信进行营销，并且取得了良好的效果。

悦视频在公众账号（微信号：yueshipin）的“自定义菜单”的设计中下了一番功夫，为用户打造了简单便捷的设置，让用户能用尽量少的操作就能获取尽量多的信息。用户可以在页面上点击推送的内容后直接到影片的链接页面。如果用户感兴趣，只需要点击一次，就能直接打开悦视频的软件。对于随意浏览的用户，悦视频还在页面底部设计了“猜你喜欢”版块，这样就增加了用户停留的时间，从而提高了用户的转化率。

最具特色的设计是在“更多”的菜单中增加了“懂的人”和“发送你的声音”这两种颇具特色的功能。这两项特色功能的设计依据是简单的“推荐—接受”的模式已经不能满足用户，而新奇的东西则更容易获得关注。比如“发送你的声音”是商家设置的一个“调戏”客服的功能，这些客服是真人，而不是冰冷的机器，之所以这样做，是因为悦视频相信人与人之间的人性化交流才能更吸引用户。

【案例直击】优酷：推送具有吸引力的消息

看到微信、微博的风靡，优酷网站就根据这种情况适时推出了自己的公众账号。在当今这个移动互联网时代，只要有 Wi－Fi，手机也能够很方便地看视频，这就将原本只热衷于在电脑前看视频的用户成功转移到了移动设备上，也直接培养出优酷在移动客户端上的第一批忠实用户。

根据用户所反馈的回复、评论、数据，优酷又将用户所感兴趣的视频信息推送到微信客户端，只要轻轻一点，用户就能够看到自己想要寻找的视频。这种设计极大地方便了用户，吸引了大批的用户关注优酷的公众账号，开发出了巨大的市场潜力，也拓宽了企业的营销渠道，可谓是一举多得。

优酷的微信推送界面

6.4 生活类网站微信营销攻略

6.4.1 团购类网站的微信运营之道

【案例直击】美团：吃完再买单

逛街逛累了想找地方吃饭，拿出手机打开微信，发送自己的地理位置信息，搜寻周边各式口味的美食馆子；或者通过团购网站下单、订位，到餐馆直接开吃，吃完用微信即可买单；如果觉得这顿吃的还行，就在微信朋友圈里分享一把……“吃什么”“去哪儿吃”的难题在移动时代不再是问题，更为美团这样的团购网站带来了新机会。

2013年10月开始，美团接入微信支付，随之移动端销售额出现了快速增长。截至目前，美团主移动客户端用户超过5000万，移动端月销售额占比接近70%，超过10亿元，新用户数量暴涨10倍。

2013年圣诞节当天，美团网开展了“即时返！10元美团代金券”的主题活动，用户只需在美团网的手机客户端上抢得“美团手机客户端代金券”，并用微信支付完成付款，即可在团购下单付款时直接抵扣10元现金。

在为期五天的活动中，每天限量的20000张现金券均在10分钟内全部被用户抢完。对比活动前后的数据可发现，微信支付的交易量由活动前的日均上万单增长到活动后的超5万单，增长了数倍；微信支付的交易金额由活动前的日均一百多万元增长到活动后的近两百万元，增长超过40%；而增长幅度最大的是新用户数，活动前美团网日均增长新用户为千人左右，活动开展以后日均增长用户超过万人，增长了超10倍。

“微信支付打通了O2O的交易闭环，作为正在迅速增长的第三方支付，能更好地满足美团网用户需求，并有效提高美团用户在手机支付上的体验。”美团网相关负责人指出，尽管美团网目前的购买、结算、客服还需要内部账号体系的支持，但随着合作的深入，未来微信还能为美团网带来更大的便利。

6.4.2 生活服务类网站的微信运营之道

【案例直击】校园微信号：学校生活中不可或缺的便利工具

“秀”生活，“晒”照片，“看”世界，越来越强大的微信功能让不少大学生成为“微信控”。看看身边充斥的各种高校微信号，学习、出行、一卡通、寻物、校园活动无所不包，但其实好用、实用的并不多。

各高校大学生都在关注哪些校园微信公众账号呢？“华师图书馆”“中大Din”“华农新媒体”等一众微信为何备受大学生关注？下面我们一起盘点那些高校生活中不可或缺的微信公众号。

校园微信公众号质量参差不齐，仔细淘一淘，还是能从中发现一些“宝贝”的。像“广州大学城一卡通”和“华师图书馆”等微信号就既实用又有意

方便学生的微信公众号

思，充值、借书、送外卖、交友、旅游、吐槽、购物、查询成绩、失物招领、娱乐、防骗等，大学生活的方方面面基本都囊括了。

而这些新奇、独特、服务性强的微信号也最受大学生们欢迎。据悉，之前由华师学生吴健雄开发的“libscnu”微信号，由于可以快捷查询图书馆的书籍信息，在推出不到一天，就有超过1400名用户关注，学生们对于生活服务类账号的关注度可见一斑。“大学城一卡通”微信因为将陆续推出余额查询、挂失在线处理、热水及网络费用充值、四六级成绩查询、找老师、原创新闻、订餐及购物等功能而备受大学城学生的期待。

第7章

微信、微博安全守则

7.1 个人用户请小心

微信、微博给人们带来了一种全新的生活方式，拉近了人与人之间的距离。但是在拉近距离的同时，也将安全隐患带入了我们的生活。便捷的交友功能让我们非常轻易就可以结交陌生人，一大批不法分子借着这样的机会涌现出来。

针对上述这些不安全因素，无论是腾讯还是新浪都在思考着应对策略，在以后的发展中，平台会针对隐私、安全等诸多方面进行改进，但是作为受众的我们，也要主动提高自己的防范意识，这样才能够双管齐下，安全地享受微信微博带给我们的便利生活。

7.1.1 多功能带来多重风险

语音、视频、图片、文字等诸多的交流方式都可以在微信上得到实现，人们利用手机平台进行交流和沟通变得更加方便，但是这诸多的功能也给犯罪分子提供了便利。现在，这一现象已经引起了公安部门的高度重视，也引发了人们对于网络安全的讨论。我们在享受微信、微博带给我们的便利时，也要提高警惕。

【案例直击】微信引起的刑事案

当今社会，微信等新型聊天工具正在成为社交人群的“新宠”，用户可以通过“摇一摇”“附近的人”等方式查找到附近的陌生人并与其进行交流。它给用户带来便利的同时，也为不法分子提供了可趁之机。半月内，某地区法院受理了三起涉及“微信”的刑事案件，其中两起强奸案、一起敲诈勒索案，现三名犯罪嫌疑人均被批准逮捕。

被害人“小丽”通过微信结识某陌生男子后双方成为情人。不成想，该男子竟然偷拍其裸照并以公开照片相威胁，向她索要钱财，“小丽”羞愤之余选择向警方求助，并协助民警将前来取款的犯罪嫌疑人当场抓获。

被害人“小李”和“小张”的情况比较类似，都是通过微信聊了一个月左右，应犯罪嫌疑人之约出来吃饭，饭后跟随犯罪嫌疑人到酒店或者出租屋内遭强奸。

此类案件中，犯罪分子通过微信找到作案目标，采取编造身份、经历甚至是姓名的方式欺骗对方，被害人贸然答应他们的邀约，进而遭到不法侵害。在此提醒广大女性在交友的同时别忘保护自己，如果是陌生人第一次约见，最好叫上朋友陪同，不要单独前往，见面地点最好选在公众场所，如果遇到不法侵害，要及时报警。

【案例直击】微信引来的诈骗案

挎包是每一个女性出门的必备品，一个挎包的好坏直接影响到旁人对自己的评价。所以在女人圈里，随手挎着一个漂亮包包是女人展示自己魅力的一种表现。然而高档的包包少则上千元、多则数万元，让这些刚上班的女性们可望而不可及。如果有人在微信上加你好友，好友验证上说他这里有很多便宜的高档包包，相信很多女性都会忍不住加这个人为好友。微友“燕子”就作出了这样的选择。

“燕子”有天收到一个好友请求，好友验证上说专卖从香港代购的高档包包。“燕子”加了对方好友后，浏览这个的个人相册，发现里面有不少高档的包包，而且图片说明上的价格也都不贵。“燕子”随即给对方发了几条信息，询问买包的相关事宜，但对方并没有回答。“燕子”见对方没有回应，便把买包的事搁置下来。

过了几天以后，该微友给“燕子”回了一条信息，信息上表示对上次没有回应“燕子”的提问表示歉意，并给了燕子一个网页链接，称该链接里有很多新款包包，价格合理，欢迎选购。“燕子”兴冲冲地点击了链接，但是似乎网速不给力，尝试了三四次也打不开链接，无奈之下“燕子”只好作罢。

当天晚上，“燕子”接到一个好友电话，在电话中好友告诉燕子，刚才“燕子”在微信上给她发信息，说看上一款包包需要960元，自己银行卡现在没这么多钱，希望她可以先替自己往一张银行卡上汇960元，明天见面还钱。她给“燕子”打电话的目的就是想告诉“燕子”，直接给对方汇款不安全，万一遇到骗子怎么办？“燕子”听好友一说，感到非常诧异，她说自己并未买包，更没有在微信上要求好友帮自己付款。好友很快便把微信上的信息通过短信给“燕子”发来，短信上的内容给刚才朋友叙述的内容一模一样，还有上次卖包的那个人发给她的网页链接。“燕子”看完以后懵了，她意识到微信被盗了。接着有更多电话打来，都是询问代付款“买包”事宜。一个、两个、三个……“燕子”记不清接了多少个类似电话，只是知道最少有五个好友已经替自己付款买了包包。“燕子”马上选择了报警。

民警听完“燕子”的叙述后，告诉燕子，卖包的人其实是个骗子，他的目的不是卖包，而是打着卖包的幌子发给“燕子”木马链接，等“燕子”手机中木马后，从中获取微信密码，登录“燕子”微信，骗其好友主动往骗子的银行账户打钱，然后通过好友的关系继续散布木马链接。

针对这个非常有迷惑性的骗局，民警善意提醒广大微友们：玩微信时，千万别什么都当真，一定要多个心眼。微信加陌生人好友时，一定要慎重，尤其是这种主动提出某种诱惑要求自己加对方好友的陌生微信，千万不要加。即使是自己的微信好友，发来的网页链接、二维码、离线图片都不要随意打开，要主动先跟好友取得联系，询问发来的东西是否安全。如遇到微信上好友发信息要求汇款的事情，一定要电话核实，在不确定信息真伪的情况下，千万不要急于汇款，以避免遭受经济损失。

7.1.2 小心个人隐私的曝光

互联网科技在给人们带来便利的同时，也使得私人空间不再私密。微信是一款比较隐私的手机应用，如果用户不小心，很可能就会导致个人隐私被曝光。面对屡见不鲜的各种泄露隐私的事件，我们更要提高警惕，一定要注意保护好自己的隐私，尤其是女性朋友更要注意，即便是再亲密的人，也要有选择地分享隐私。

【案例直击】查看附近的人，就可定位你确切的位置

李小姐是一名大三学生，有一次她打开微信“附近的人”的选项，就有很多附近的微信用户向她打招呼。之后，她出门就经常遇到一名男子朝着她笑，甚至多次尾随在她身后，这让她感到很害怕。民警告诉李小姐，她应该是使用微信的时候个人隐私泄露了。

因此，在使用完“附近的人”功能后，可点击“附近的人”列表里右上角的图标，点击“清除位置信息并退出”。

【案例直击】允许陌生人查看十张照片，就可保存你的照片

王先生最近和一名微信上的女子聊得很投机，并想和她有进一步的发展。于是他把这名女子的照片发给好友，并请他“鉴定鉴定”。

没想到好友一看照片就说：“这不是我的好朋友小丽吗?”于是王先生的好友拨通了小丽的电话，向她了解“进展”。小丽一听懵了，“没有啊，我不认识什么王先生啊?”小丽这才知道，由于自己使用微信的时候上传了大量照片，这些照片可能被一些别有用心的人下载了。

为了防止自己的照片被盗用，大家可将微信设置中的“隐私—朋友圈权限—允许陌生人查看十张照片”的选项关闭。

7.2　企业用户要当心

目前，微信、微博所拥有的大量粉丝已经引起社会的广泛关注，其中所蕴含的商机也是有目共睹的，我们在网上随意搜索就能够找到“打包购买粉丝”

“购买微博认证”“付费使微信公众账号和微博昵称一致”等消息，而专门针对企业提供的打包服务更是开价数十甚至上百万元。但是这样的服务对企业的营销是否真的有着实质性的帮助？恐怕最终的结论并不能令人满意。

7.2.1 买“僵尸粉”不如无粉

微信、微博营销成为人们日益关注的话题，大量的营销机构也趁此机会做起这方面的买卖。在网上用关键词随便搜索一下，就能够搜出成千上万个依靠“卖粉丝”为生的卖家，花费150元就能够得到500粉丝和微博、微信的认证，这样的价格对于企业来说着实是具有吸引力的，销售者甚至可以承诺定制昵称、性别头像、地区以及个性签名等个性化服务。从销售情况来看，完全可以用火爆来形容。

企业之所以有购买粉丝的需求，最主要的原因还是企业想通过大量活跃的粉丝来进行产品宣传。企业的公众账号是企业公信力和企业形象的体现，加大对微信、微博的营销投入，的确会对企业品牌的宣传起到一定作用，但是以购买粉丝的方式来营销能够起到多大的作用呢？答案是值得商榷的。

事实上，做过微信、微博营销的人都知道“买僵尸粉不如无粉”，大量的“僵尸粉”对于提升企业品牌价值没有什么价值，同时还会间接造成垃圾信息的泛滥，微信、微博的用户体验值会急剧下降，本来整齐有序的社交工具变得混乱不堪，对于企业的长期发展来说真的是得不偿失。

针对“僵尸粉”泛滥的情况，腾讯、新浪公司采取了一项新举措，就是将“刷粉”的企业粉丝清零，甚至还可能封号。想利用微信、微博营销的企业，还是脚踏实地地慢慢积累真实粉丝，这才是真正的经营之道。

7.2.2 营销软件的陷阱

微信、微博的有效营销不仅吸引了大量企业的关注，技术性人员的视线也投向这里，于是一个针对微信、微博营销的软件就诞生了，这种营销软件所具有的功能大致包括账号注册、刷粉等，售价大概500元。但是值得注意的是，凭借这种方式制造出来的粉丝无异于“僵尸粉”，企业利用微信、微博进行营销的主要王牌是内容，只有对企业产品感兴趣的粉丝才存在着实际意义，大量的关注和打招呼还容易引起用户的厌烦，如果因此影响到企业的形象，令消费者心中产生厌恶情绪，真的是得不偿失。

真正有效果的营销是一定建立在有效的粉丝互动基础上，只有脚踏实地积累客户，才能够真正获取用户的信任，从而真正提升企业品牌价值。

7.2.3 擦亮眼睛，选择靠谱的服务公司

微信、微博火了，很多营销公司做起了代理营销的生意，这类公司给传统企业做着注册开通账号、刷粉、认证、代运营、粉丝管理一类的工作，签约一年的价钱有时高达8万元。价格和价值之间的关系姑且不论，若是这样做真正能产生营销效果，资金也不算是浪费。但事实上，很多公司是“挂羊头卖狗肉”，实际的营销效果是值得商榷的。因此，企业若想将微信、微博营销的工作外包出去，一定要擦亮眼睛，找一个靠谱的营销公司：首先要考察一下该公司是否有正规的营业执照；再研究一下该公司是不是有成功的微信、微博营销案例，调查一下这些案例是否是真实的，又是如何操作的；看一下这家公司在行业内的口碑如何，用户评价如何。如果这些条件都比较好的话，企业再考虑合作的事宜才是比较稳妥的。否则，企业花了大把的银子，没有实现营销的目的不说，反倒丢失了好不容易在用户心中树立的形象，那样就太得不偿失了。

参考文献

1. 王易．微信营销与运营：策略、方法、技巧与实践．北京：机械工业出版社，2013

2. 王易，蓝尧．微信，这么玩才赚钱．北京：机械工业出版社，2013

3. 易伟．微信公众平台搭建与开发揭秘．北京：机械工业出版社，2013

4. 郭春华．你早该这么玩微信：深度分析微信营销的100个案例．北京：清华大学出版社，2014

5. 熊涛，张兵．玩转微信营销实战手册．北京：中国铁道出版社，2013

6. 朱艳婷，丁当．微信来了．北京：北京理工大学出版社，2014

7. 钟志勇．微信公众平台应用开发实战．北京：机械工业出版社，2013

8. 邱道勇．微信改变世界．北京：中国财富出版社，2013

9. 柳峰．微信公众平台应用开发：方法、技巧与案例．北京：机械工业出版社，2014

10. 程小永，李国建．微信营销解密：移动互联网时代的营销革命．北京：机械工业出版社，2013

11. 谭运猛．微信营销360度指南——模型、案例、方法和技巧．北京：机械工业出版社，2014

12. 王金泽．微信营销完全攻略．北京：人民邮电出版社，2014

《挖掘手机上的金矿——玩微信、微博赚大钱》
编读互动信息卡

亲爱的读者：

感谢您购买本书。只要您以以下三种方式之一成为普华公司的**会员**，即可免费获得普华每月新书信息快递，在线订购图书或向我们邮购图书时可获得免付图书邮寄费的优惠：①详细填写本卡并以**传真（复印有效）或邮寄**返回给我们；②**登录普华公司官网注册成为普华会员**；③关注微博：@普华文化（新浪微博）。会员单笔订购金额满300元，可免费获赠普华当月新书一本。

哪些因素促使您购买本书（可多选）

○本书摆放在书店显著位置　○封面推荐　○书名
○作者及出版社　○封面设计及版式　○媒体书评
○前言　○内容　○价格
○其他（　　　　）

您最近三个月购买的其他经济管理类图书有

1.《　　》　2.《　　》
3.《　　》　4.《　　》

您还希望我们提供的服务有

1. 作者讲座或培训　2. 附赠光盘
3. 新书信息　4. 其他（　　　　）

请附阁下资料，便于我们向您提供图书信息

姓　　名　　联系电话　　职　　务
电子邮箱　　工作单位
地　　址

地　　址：北京市丰台区成寿寺路11号邮电出版大厦1108室
北京普华文化发展有限公司（100164）
传　　真：010－81055644
读者热线：010－81055656
编辑邮箱：pangweijun@puhuabook.com
投稿邮箱：puhua111@126.com，或请登录普华官网“作者投稿专区”。
投稿热线：010－81055633
购书电话：010－81055656
媒体及活动联系电话：010－81055656　　邮件地址：hanjuan@puhuabook.com
普华官网：http://www.puhuabook.com.cn
博　　客：http://blog.sina.com.cn/u/1812635437
新浪微博：@普华文化（关注微博，免费订阅普华每月新书信息速递）